CONOZCA Y CONTROLE
SUS APETITOS

STEPHEN
ARTERBURN
& DRA. DEBRA CHERRY

CASA
CREACIÓN
A STRANG COMPANY

Conozca y controle sus apetitos por
Stephen Arterburn y Dra. Debra Cherry
Publicado por Casa Creación
Una compañía de Strang Communications
600 Rinehart Road
Lake Mary, Florida 32746
www.casacreacion.com

A menos que se indique lo contrario, todos los textos bíblicos
han sido tomados de la versión Reina-Valera, de la *Santa Biblia*,
revisión 1960. Usado con permiso.

Este libro fue publicado originalmente en los E.U.A.
por INTEGRITY PUBLISHERS, INC., Brentwood, TN, E.U.A.
bajo el título: *Feeding Your Appetites*,
Copyright © 2004 por Stephen Arterburn
Todos los derechos reservados
Traducido y usado con permiso de
Integrity Publishers, Inc.

Traducción, edición y diseño interior por:
Grupo Nivel Uno, Inc.

Library of Congress Control Number: 2005921419

ISBN: 1-59185-493-8

Impreso en los Estados Unidos de América

05 06 07 08 09 10 ❖ 8 7 6 5 4 3 2 1

CONTENIDO

PALABRAS PRELIMINARES

Alcohol. Poder. Dinero. Comida. Sexo. Compras. Apuestas. Todos estos pueden ser apetitos normales, pero también pueden llegar a convertirse en adicciones peligrosas. Hace más de veinticinco años, yo (Steve) comencé a trabajar con personas cuyos apetitos estaban fuera de control. Sus deseos literalmente se habían apoderado de ellos y arruinado sus vidas.

Aunque luchaban duro, estas personas no lograban controlar el problema con sus apetitos. Las experiencias originales con lo que fuera que desearan no podían repetirse. La euforia que una vez les causó satisfacción ya no estaba a su alcance aunque buscaran volver a sentirla. Era como si estuvieran buscando una réplica de su afecto o deseo original. La satisfacción de ese deseo en particular ya no brindaba la misma promesa. Los apetitos que antes se habían mantenido en saludable equilibro ahora perdían una batalla en la que la compulsión impulsaba a estas personas a repetir sus conductas adictivas, aun a pesar de las consecuencias negativas. Los apetitos originales que Dios les había dado se habían convertido en dolorosas adicciones.

He estado exactamente en el lugar donde ellos estaban. Recuerdo cómo era mi vida cuando estaba fuera de control, y cómo apenas podía tener la esperanza de una vida que fuera más allá de la mera supervivencia. Mi primera batalla fue con la comida. Nunca estaba satisfecho. Mis mujeres favoritas eran Sara Lee, la pequeña Debbie, Aunt Jemima, y todas aquellas cuyos nombres se relacionaran con galletas, golosinas, chocolates, lo que fuera. Si me daban una oportunidad, podía haber llegado a ser amante de cualquiera de ellas. Y ese era mi otro problema. El sexo era mi manera de buscar una solución rápida para todos mis problemas. Era promiscuo, y me gustaba que me amaran. Claro que no había mujer alguna que pudiera llenar el vacío de mi interior. Ni siquiera el bebé que tuve con una de ellas llenó ese hueco. Y el subsiguiente aborto por el que pagué, intensificó los apetitos de mi corazón.

La comida y el sexo no podían sanar lo que estaba mal en mí. Así que cuando comencé a trabajar con personas cuyos apetitos estaban fuera de control, como me había sucedido a mí, estaba en realidad trabajando para mí. (De todos, el sanador a menudo es quien más ayuda necesita.) Cuando comencé a trabajar con los que conocemos como «descontrolados», conocí a otras personas que estaban en el camino a la recuperación y volvían a tener control sobre sus vidas. Estas «historias de éxito» estaban aprendiendo cómo no dejarse conquistar por nada, porque estaban descubriendo la manera de no tener antojos. Su humildad y gratitud con respecto a las victorias que iban ganando me intrigaba y era palpable. Quería ser como ellos; quería poseer su sabiduría y tener control sobre mí mismo.

Así que inicié un viaje que me llevara a entender qué hacer para controlar mis apetitos. En el camino aprendí algo sorprendente: todo ser humano tiene el deseo innato de conocer a Dios, pero nuestros deseos egoístas y personales se interponen. Nuestro deseo de conocer a nuestro Creador es rehén de nuestros antojos, y nos encontramos atrapados por nuestros apetitos en busca de comidas, sentimientos o experiencias. Podemos identificarnos con las palabras del apóstol Pablo en Romanos 7:15 y los versículos siguientes: «Porque lo que hago, no lo entiendo; pues no hago lo que quiero, sino lo que aborrezco, eso hago ... porque el querer el bien está en mí, pero no el hacerlo ... Y si hago lo que no quiero, ya no lo hago yo, sino el pecado que mora en mí».

Pablo habla del pecado en sentido teológico. Los deseos de Adán y Eva estaban en perfecta armonía con Dios y su creación. Pero con la caída, el pecado entró en el mundo y desde entonces ha hecho que los apetitos de la humanidad estén apegados, y aun esclavizados, a diversas conductas, posesiones materiales y personas contrarias a Dios.

Cuando llegué a comprender esta realidad vi que la forma en que decidía satisfacer mis diversos apetitos problemáticos era un síntoma de mi continua y decidida rebeldía contra Dios. Dios me había dado estos apetitos. Se suponía que debía vivir según su plan y disfrutar de Él. Sin embargo, cuando permití que mis apetitos se desequilibraran y dejé que fueran prioridades en mi vida, me distancié de Dios y mi conducta cada vez fue más opuesta a la de Cristo.

Hasta hoy quizá usted no haya pensado mucho en qué es lo que impulsa su vida y por qué hay ciertas conductas que parecen descontroladas... o en que hay una conexión entre sus adicciones personales y su caminar con el Señor. Si es así, no está solo. Yo soy un ejemplo de ello. Cuando vi que no podía controlar mis apetitos por mis propias fuerzas, comencé a andar el camino hacia la sanidad. Después que entregué mi pesada carga al Dios que me creó y admití que no podía arreglármelas solo, el Señor hizo que pudiera volver a controlar mis apetitos.

En octubre del año 2003 estuve en Cape May, New Jersey, con trescientos hombres y mujeres increíbles que luchaban con su sobrepeso. Habían pagado casi dos mil dólares cada uno para aprender cómo controlar su adicción a la comida y ya no ser definidos por su peso corporal.

Cuando conduzco estas sesiones, invito a personas que asistieron previamente para que vuelvan, y pagan un precio especial. Algunos de ellos estaban entre los asistentes a Cape May. Los había conocido en otros programas, así que me sentía muy cómodo al preguntarles lo más difícil: «Al inicio ustedes vinieron a un seminario porque sus deseos por la comida estaban fuera de control. Si desde entonces han perdido peso y han logrado controlar el apetito, ¿cómo se sienten cuando logran hacerlo? Más precisamente, ¿qué es lo que les permite controlar este apetito?»

No hubo respuesta. Parecía que no habían pensado en la fuerza autodestructiva que los controlaba y daba lugar a sus compulsiones personales. Si piensa que esto no tiene importancia, piense en cómo se sentiría si se sentara al sol todas las tardes, quemándose la piel, sin preguntarse de dónde viene lo que le está provocando dolor y calor.

Sentí la incomodidad del grupo. Cada uno de los asistentes estaba dedicando unos segundos a pensar en la causa de su problema de sobrepeso. Quizá usted se encuentra en este mismo lugar, inseguro sobre cómo iniciar este viaje de sanidad. Si es así, este libro es para usted. El viaje, empero, no será corto, ni fácil, ni rápido. Todo cambio requiere perseverancia, aun cuando las circunstancias sean dolorosas y debamos viajar lejos.

Piense en este libro como en un mapa de ruta que le ayudará a volver a controlar sus apetitos y deseos. Al tomar este libro, ha demostrado su deseo de buscar ayuda, y en última instancia, sanidad. Queremos que la vida que Dios ha diseñado para usted sea realidad, y estamos felices de que haya elegido este libro como un recurso para llegar allí. Ahora, iniciemos el camino hacia la restauración de nuestros apetitos.

El deseo del amor es el gozo:

El deseo de la vida es la paz:

El deseo del alma es el cielo:

El deseo de Dios... es un eterno secreto incandescente.

—WILLIAM (FIONA McLEOD) SHARP

1

En busca de la
SATISFACCIÓN

C ada persona es única y especial, sin embargo, todos compartimos una característica común. En lo más profundo de nuestro ser todos buscamos experimentar la satisfacción. Aunque ese deseo nos lleva a algunos a buscar en un lugar, en tanto otros buscan otra ruta, el hecho es que todos estamos en el mismo barco. Para la mayoría de nosotros nuestra búsqueda de la satisfacción consiste en amar y ser amados, en encontrar sentido y propósito, en sentirnos satisfechos con quiénes somos.

Hemos sido formados a imagen de Dios con esta necesidad innata de llegar a ser completos, plenos, satisfechos. Aunque lo intentemos no podremos escapar a este deseo porque Dios nos hizo así. Y aunque no sepamos exactamente qué es lo que estamos buscando, no podemos dejar de buscar algo que llene este vacío que hay en nuestro interior.

Pasamos mucho tiempo intentando cubrir nuestra necesidad de satisfacción. Nuestra búsqueda nos impulsa y hace que busquemos cómo satisfacer nuestros deseos y necesidades. Los *apetitos* que sentimos por lo básico para nuestra supervivencia física, emocional y espiritual, ayudan a llenar ese vacío.

No importa cuántas historias oigamos sobre cosas que no traen satisfacción, de todos modos sentimos apetito por tales cosas. Hay personas que van tras el dinero, trabajando y viviendo como si su vida dependiera de las riquezas. Toda decisión, y para algunos, todo momento en la vida se ve impulsado por un apetito por el dinero. Más y más dinero.

El apetito de riqueza a menudo no puede ser satisfecho. Cuando se trata de dinero, cuanto más tenemos tanto más queremos. «Lo suficiente», aun para quienes tienen más que suficiente, nunca parece obtenerse. Las únicas personas que encuentran plenitud y satisfacción en su riqueza son las que se apartan del impulso por comprar y se dedican a distribuir su dinero para ayudar a otros.

Yo (Steve) siempre disfruté del programa de televisión *Martha Stewart Living*. La conductora, Martha Stewart, es una reconocida especialista en compartir ideas para la organización y enseñar habilidades que van desde la cocina a la jardinería, de la decoración a todo lo demás referente al hogar. Como me gusta cocinar, disfrutaba especialmente de todo segmento dedicado a la cocina. Su revista, *Martha Stewart Living*, es una obra de arte. No es de extrañar que Stewart se haya hecho multimillonaria por sus muchos talentos y su capacidad de hacer las cosas «bien», ya sea en la cocina, el jardín o la sala. Sin embargo, hoy Martha Stewart está procesada por la ley porque actuó ilegalmente en una venta de acciones para ahorrar la suma de cuarenta y cinco mil dólares, casi unas monedas para alguien tan rico como ella. Luego intentó cubrir su error y lo empeoró. Echó su reputación por la borda, y deberá pasar algún tiempo en la cárcel… ¡todo por un poco de dinero! El apetito por el dinero no se saciará a menos que la persona cambie su perspectiva sobre qué es el dinero y cómo puede utilizarse. Por cierto, el dinero no es la única trampa.

Hay quienes luchan contra su apetito por el poder. Poco importa si se trata de una madre que insiste en controlar cada aspecto de la vida de sus hijos, o del ejecutivo que no puede funcionar a menos que maneje cada detalle y cada decisión en la empresa. Ambos tienen apetito por el control total, lo cual —aun si lo consiguieran— jamás les traerá satisfacción plena. Por lo contrario, este apetito produce gran frustración porque mucho de lo que sucede en la vida está patéticamente fuera de nuestro alcance. La vida tiene demasiadas variables en juego, y aun el más organizado especialista en matemáticas deberá admitir que hay cosas que no pueden calcularse.

Hace poco hablé con una mujer que solo se sentía segura si tenía el control total de su entorno. Su miedo por lo desconocido había hecho surgir en ella el deseo del control absoluto al punto de que ya no disfrutaba de la vida. Conducir un auto era demasiado riesgoso, y sentarse junto a alguien en el ómnibus mientras manejaba otra persona era más peligroso todavía. Dependía de otros para que le compraran la comida, la ropa, e hicieran los recados que tienen que ver con salir de la casa. Los amigos, creyendo que la ayudaban, estaban convirtiéndose en los guardias de esta prisión que ella misma se había impuesto. Más que nada, esta mujer anhelaba la seguridad, el control, lo predecible.

Al oír esta triste historia sentí compasión por ella. Quería decirle que volviera a pensar en su existencia, que pensara en enfrentar sus miedos, incluso si esto significaba pena o dolor. Cualquier cosa, con tal de ayudarla a que viera la prisión en la que se había encerrado. Decidí llegar al corazón de la cuestión. Le dije que jamás podría hacer su mundo lo suficientemente pequeño como para eliminar todo elemento de riesgo. La cocina podía incendiarse, podía caer un avión en su jardín o ella podría resbalar en la ducha. No importaba cuán confinada o protegida pensara estar, siempre habría riesgos y cosas impredecibles a su alrededor. Hasta que pudiera resolver la razón que subyacía a sus miedos, sentiría pánico e incertidumbre en todo momento.

Existía un dato interesante: tenía este problema con respecto a controlarlo todo porque estaba pasando por una crisis. Había descubierto un bulto en su pecho. Una enfermera vino a la casa y le tomó una muestra de sangre para que el médico pudiera hacer una evaluación preliminar. Los resultados del análisis eran indicativos de cáncer, pero para poder tener un diagnóstico certero debía hacerse una mamografía y una biopsia. Claro que para ello tendría que cruzar la ciudad, y ella no creía poder soportarlo. Así que allí estaba, confinada en su casa por el temor a lo desconocido, aunque enfrentando un posible cáncer si se negaba a salir del lugar que para ella representaba total seguridad ¿Le suena ridículo? Por cierto, su deseo por controlar su vida había sobrepasado los límites naturales y estaba convirtiéndose en una obsesión, pero lo que la motivaba a comportarse de esta manera era en realidad el deseo básico de protegerse. ¿No tenemos todos este deseo?

EXITOSOS PERO INSATISFECHOS

Todos podemos pensar en personas famosas o no tan famosas con apetitos problemáticos que sirven como ejemplo de lo que puede suceder.

Elvis Presley. Aun décadas después de muerto sigue siendo el rey del rock 'n' roll. Elvis Presley parecía tenerlo todo: fama, riqueza, mujeres, talento, influencia y fanáticos que le seguían. Sin embargo, Elvis se sentía insatisfecho. Sin duda buscaba satisfacción, pero en lugar de ello pasaba las noches de fiesta y los días durmiendo, asistido por drogas para ayudarle a lograr ambas cosas, probablemente porque se sintiera solo y vacío. Al final, «El Rey» terminó divorciado, con sobrepeso, y dependiendo de las drogas que le prescribieran los médicos. Esas cosas que usaba para encontrar satisfacción a la larga se volvieron en su contra y lo mataron. A los cuarenta y dos años murió por problemas cardíacos, probablemente causados por su dependencia a las drogas y su obesidad. Elvis fue un hombre notable. Hay maravillosas historias de su generosidad hacia los necesitados. Tenía raíces espirituales y un tremendo deseo de saber quién era Dios. Este excelente cantante es el ejemplo máximo de lo que sucede cuando vivimos buscando satisfacer nuestros apetitos: morimos en el intento. Cuando un apetito se convierte en la fuerza que nos impulsa, nada es suficiente. Este rey tenía más que fama y fortuna, pero es obvio que no le sirvieron para lograr la satisfacción que buscaba.

Marilyn Monroe. Otro ejemplo de alguien que parecía tenerlo todo. Marilyn Monroe murió de manera trágica. Era exitosa según los parámetros de la sociedad, porque tenía fortuna, fama y belleza. Marilyn era influyente por lo célebre. Pero nada de lo que conseguía le bastaba para que dejara de buscar ese algo elusivo que le hiciera feliz de verdad. A los treinta y seis años, cuando la sobredosis la mató, había estado casada tres veces, había tenido varias aventuras amorosas —al menos sospechadas— y había intentado suicidarse dos veces. Era adicta a las drogas y al alcohol.

Karen Carpenter. A los diecinueve años, Karen Carpenter había firmado un contrato que dio como resultado cuatro álbumes de oro y conciertos con localidades agotadas en el mundo entero. Sin embargo, su deseo de estar delgada la destruyó. ¡Este deseo estaba tan fuera de control que en un momento de su carrera solo pesaba cuarenta kilogramos! En un esfuerzo por controlar su peso, Karen utilizaba medicina para la tiroides e ipecac (medicamento que induce el vómito) en dosis excesivas. Cuando su desorden alimentario se apoderó de su vida, la muerte tocó a la puerta sin darle oportunidad de recuperar la salud... o la vida. A los treinta y tres años de edad, Karen murió porque su corazón falló, maltratado por la anorexia y el uso destructivo de medicamentos.[1]

Nuestros apetitos naturales de amor y seguridad no son malos en sí mismos, pero el modo en que buscamos satisfacerlos puede volverse realmente peligroso si no somos cuidadosos. El apetito natural de estar acompañado no podrá ser satisfecho con la prostitución, la pornografía o con dormir con alguien solo para sentir placer. Estas son elecciones equivocadas para un apetito dado por Dios que, cuando se satisface de manera correcta, hace que los hombres y las mujeres se casen, tengan familias y se amen mutuamente.

Este apetito de intimidad, como todos los otros que Dios nos ha dado, puede llevarnos a sentir salud física, relaciones de amor y satisfacción, o enfermedades, aislamiento y desesperanza, dependiendo de cómo busquemos satisfacerlo. No es de extrañar que el modo en que busquemos satisfacer nuestros apetitos deberá estar alineado con lo que Dios nos da como designio en su Palabra.

CREADOS CON UN PROPÓSITO

Veamos qué dicen las Escrituras sobre nosotros como criaturas. El Salmo 139:13-14 declara: «Porque tú formaste mis entrañas; tú me hiciste en el vientre de mi madre. Te alabaré; porque formidables, maravillosas son tus obras». Somos obra de la mano de Dios. *Sus tesoros hechos a mano.* Cuando algo se hace a mano, no hay dos modelos idénticos. Mi Dios se tomó el tiempo de tejerme en el vientre de mi madre. Y también lo ha tejido a usted. Imagínese como parte de esta idea. Figúrese haber sido planificado, formado y tejido como creación única del Creador de todo el universo.

Como individuos únicos hemos sido tejidos con un bagaje propio de deseos, gustos, preferencias, cosas que nos desagradan, talentos y capacidades que conforman nuestras posibilidades de cumplir lo que Dios tenía en mente al crearnos. Quien haya tejido algo (o visto a alguien tejiendo algo) sabe que mucho antes de comenzar el trabajo hay que decidir lo que se quiere hacer y para qué se utilizará. Si planea tejer algo para abrigar a un bebé, deberá elegir el tipo de lana adecuado y un patrón de tejido que sea lo suficientemente abrigado. Si la organización y la capacidad son las requeridas, el resultado final no se asemejará a un pequeño y lindo mitón. En lugar de eso, debido a que la persona conoce cuál es el propósito de la pieza hecha a mano, hará el mejor esfuerzo para que cumpla su función.

Dios (mucho más que nosotros los seres humanos) conocía su plan particular con relación a nuestra conformación cuando tejió nuestra «fibra íntima». Debido a que sabía cuál era su plan para usted, puso en su persona todos los talentos, capacidades, deseos y apetitos que necesitaría para cumplir con lo que Él tenía en mente. Usted es único, creado con un propósito único también, por lo tanto, sus apetitos y deseos son únicos.

Todo esto es para decir que las cosas que satisfacen nuestros apetitos son diferentes, y que habrá variaciones de una persona a la otra. Algunos tenemos fuertes apetitos en un área, mientras otras personas no sentirán interés por lo que nos gusta. Lo que hagamos reflejará nuestros apetitos y deseos en particular, ya se trate de:

- la carrera elegida
- el modo en que gastamos nuestro dinero
- la frecuencia con que buscamos tener relaciones sexuales y el tipo de relaciones que queremos
- los amigos que elegimos
- la cantidad de champán que bebemos en una fiesta
- el modo en que priorizamos nuestras actividades.

No necesitamos compararnos con nadie más para decidir si lo que estamos haciendo está bien. Solo debemos buscar a Dios y comparar nuestras acciones con su plan para nuestra vida. Y para que sepa, si busca a Dios primero, sus apetitos se satisfarán de una manera que glorifique a Dios y sea de beneficio para usted y para los demás.

¿QUÉ ES EL *APETITO*?

Para este momento usted sabe que cuando utilizamos la palabra *apetito* no estamos refiriéndonos estrictamente a las ganas de comer. Utilizamos este término para describir *cualquier deseo imperioso de satisfacer una necesidad específica*, como el antojo por la comida, el sexo, el poder, el placer, el trabajo, la compañía, la sabiduría, o incluso Dios.

El apetito es algo que todos sentimos a diario, de una u otra manera. También puede ser nuestra necesidad interior de llenar un vacío emocional o espiritual. Este apetito de saciarnos con alguna de las muchas facetas de nuestra vida es lo que nos lleva a buscar fuera de nosotros eso que nos falta.

Los apetitos son esenciales para nuestra supervivencia física, emocional y espiritual. Cuando tenemos hambre, el cuerpo pide comida, y cuando tenemos sed, el cuerpo pide agua. Cuando contenemos la respiración el cuerpo pide oxígeno. Si no fuera por estos deseos que nos motivan a actuar, no sobreviviríamos. Si nunca sintiéramos deseos de comer, jamás comeríamos y moriríamos.

Nuestros apetitos nos llevan a buscar la satisfacción, pero debemos manejarlos o de lo contrario nos llevarán a un mundo de lamentos y tremendo dolor emocional. Cuando un apetito que tiene la intención de ayudarnos a sobrevivir se maneja de manera incorrecta puede llegar a convertirse en una trampa que no nos suelta más. Si no entregamos nuestros apetitos a Dios, seguiremos atrapados.

El mundo nos ofrece un amplísimo menú de opciones para llenar cualquier vacío que tengamos en la vida. Sin embargo, la elección dependerá de nosotros. Como sabemos, hay modos saludables y perjudiciales de saciar nuestros apetitos; lo que elijamos hará la diferencia en nuestro sentido personal de la felicidad y la satisfacción. Y es claro que lo que *debiéramos* elegir es la opción más saludable que esté a nuestro alcance.

Hay muchas personas en el mundo de hoy que nunca sintieron esa sensación de saciedad y satisfacción, quizá usted sea una de ellas. Si no se siente satisfecho, es posible que no esté satisfaciendo alguno de sus apetitos. Cuanto más tiempo pasamos sin satisfacer un apetito, tanto más fuerte se volverá. Nos impulsará con más y más fuerza a buscar la satisfacción. A los apetitos no les gusta ser ignorados. ¿Qué sucede entonces cuando alguien tiene un deseo insatisfecho y no puede cubrir sus necesidades? A la larga, esta persona irá en busca de lo que sea —saludable o no— para aliviar su necesidad.

Tomemos como ejemplo un hombre que no se ha sentido querido jamás. Ha buscado satisfacción en relaciones adultas, pero solo experimentó rechazo y dolor. Su apetito de estar acompañado sigue creciendo y su búsqueda por aliviar su dolor se vuelve más y más desesperada. Buscará quizá relaciones con extraños que durarán unas horas, y hasta quizá solo unos minutos. Sin embargo, en el continuo zumbido del apetito insatisfecho, encontrará momentos de saciedad pasajera.

La persona que está desesperada por satisfacer un apetito preferirá una respuesta temporaria, aunque no sea saludable, antes que no tener nada. Pero sabemos que es una mentira, un engaño. Cuando nos conformamos con imitaciones poco saludables y satisfactorias de lo que en realidad deseamos, nuestro apetito puede llegar a descontrolarse y convertirse en nuestro amo. Nos volveremos entonces a fuentes de satisfacción que al final serán nuestros enemigos y nos obligarán a hacer una de dos cosas: abandonar nuestro deseo y seguir insatisfechos, o exagerar nuestro incesante impulso de satisfacciones instantáneas y temporarias.

El inicio del viaje

Al iniciar nuestro viaje hacia una mejor comprensión de nuestros apetitos oramos que usted aprenda que con la provisión de Dios podrá retomar el control de cualquier cosa que lo esté controlando. Quizá le parezca imposible. No querrá volver a intentarlo una vez más. Amigo, no necesita hacerlo. La razón por la que está luchando con su apetito es que *sabe que intentarlo una vez más no funciona*. Lo que sí funciona es entregar nuestro problema a Dios. Comenzará su viaje hacia la recuperación cuando admita que no puede con sus apetitos con sus propios medios. Tenga en mente que Dios nunca esperó que lo hiciera. Para comenzar, le desafiamos a evaluar su vida y sus apetitos ahora mismo. Dedique tres minutos para responder estas cuatro preguntas. No necesita escribir demasiado: solo sea sincero consigo mismo y anote las respuestas.

1. ¿Cuál es el apetito que naturalmente siente?

2. ¿De qué manera lo satisface?

3. ¿Es saludable y satisfactorio lo que está eligiendo? Si no lo es, ¿qué es lo que utiliza para satisfacer su apetito?

4. Rastree el camino por el que le llevan sus decisiones, ¿cuán lejos avanzaría por este camino para satisfacer ese apetito?

Si esta evaluación de sí mismo le hace ver que no está satisfaciendo sus apetitos de manera saludable y que en verdad ellos le están controlando, responda las dos preguntas que siguen:

1. ¿Está dispuesto a dejar de lado sus apetitos no saludables?

2. ¿Está dispuesto a aprender cómo satisfacer sus apetitos saludables de la manera en que Dios quiso que los satisficiera?

Podemos obtener fortaleza estudiando las historias personales exitosas de aquellos que han logrado controlar sus apetitos. La siguiente historia nos cuenta de la lucha de una mujer que sufría a causa de su adicción y de las influencias negativas antes de que finalmente lograra la sanidad. El propósito de su nueva vida nos inspira a tener confianza e iniciar nuestro viaje hacia la satisfacción plena.

«ME RINDO»

El maravilloso libro de Bob Buford, *Finishing Well* (Terminar bien), incluye una entrevista con Cathey Brown, una valiente mujer que descubrió su propósito en la vida en medio de la tragedia personal. He aquí la historia de Cathey que Bob relata.

Sus padres eran alcohólicos. Como resultado, fue una niña perfeccionista que se negaba a no poder controlar las cosas. Estaba decidida a no terminar como su madre o su padre. Así que llegó a obtener grandes logros en la escuela. Tenía muy buenas calificaciones, participaba de todas las actividades y era dirigente estudiantil. Desde el principio Cathey se estableció metas altas.

Hoy, a los cincuenta y cuatro años, es una mujer atractiva y exitosa que describe su viaje de manera conmovedora, relatando cómo permitió que su vida se deslizara cuesta abajo justamente en la dirección que tanto había luchado por evitar. El trabajo duro, el divorcio y diversos problemas en los negocios la llevaron a buscar consuelo primero en el alcohol y después en la medicación, hasta que un día se dio cuenta de que no podía controlar sus deseos. Era alcohólica.

«Todo eso sucedió después de que naciera mi hija», me dijo Cathey. «Comencé a beber y a abusar de la medicación, y luché con mi adicción durante mucho tiempo. Cuando inicié mi recuperación supe de los problemas que suelen tener los hijos adultos de padres alcohólicos. Había crecido en ese ambiente y finalmente entraba en la misma categoría. Pero de repente me percaté de que mi hija también corría un alto riesgo de caer en lo mismo.

»Realmente quería hacer algo por terminar con ese patrón», dijo. «Busqué en todas partes pero no encontré nada. Descubrí que había muchos niños como mi hija, niños que necesitaban algún tipo de soporte, algún tipo de educación o vía de salida para hablar de lo que les sucedía en sus hogares. No había grupos de apoyo de este tipo. Vi la necesidad de que estos hijos tuvieran un camino diferente al que había tenido yo. Alguien debía enseñarles que era natural lo que sentían y reemplazar en sus corazones la sensación de presión debido al esfuerzo por ser exitosos, como me había sucedido a mí, ellos debían aprender cómo lidiar con eso.

»Descubrí que hay cosas saludables que estos niños podían hacer», continuó. «Así que cuando vi que no existía un programa para darles la información y las capacidades que precisaban, decidí involucrarme y hacerlo yo. Había aprendido, y quería transmitirlo».

Hoy, Rainbow Days [Días de Arco Iris] es una reconocida agencia que asiste a los hijos de alcohólicos y a otros en riesgo de caer en la adicción a las drogas. Es un emocionante programa con sólidos resultados nacidos de la necesidad y el profundo deseo de Cathey de servir a los demás. Durante nuestra conversación mencioné otro comentario de parte de una entrevistada: «Puedes entregarte y rendirte a Cristo o puedes pelear contra el problema y volverte a cosas como las drogas, el exceso de trabajo, el alcohol o lo que sea, como unas muletas».

«Estoy de acuerdo», dijo Cathey. «Recuerdo dos momentos en mi vida de los que tengo vívidos recuerdos de entrega. El primero fue con el alcoholismo, el cual se apodera del organismo, de la mente y las emociones. Uno pierde la capacidad de decidir. Para mí, la única manera de luchar contra eso fue rendir mi adicción a Dios y dejar que Él se hiciera cargo, porque yo no podía hacerlo sola. Y mi adicción fue la única forma en que Él pudo llamar mi atención, porque en todo lo demás yo pensaba que era autosuficiente. Sin embargo, descubrí que no podía salir sola de ese problema.

»Traté de estudiar la manera de salir de este problema. Intenté salir mediante el razonamiento. Intenté salir negociando. Finalmente un día cuando estaba sola en mi oficina, me arrodillé y clamé: "Dios, ¡no puedo hacer esto! Tú puedes hacerlo y no sé qué más hacer. Te entrego este problema a ti". Cuando desperté a la mañana siguiente —jamás olvidaré la fecha, 17 de abril de 1981— tenía ese sentimiento en mi corazón que me decía que ya no iba a beber más.

»En los programas de Doce Pasos a uno le enseñan a tomar la vida un día a la vez», refirió Cathey, «así que le pedí a Dios que me ayudara a vivir ese día. No fue fácil durante esos primeros meses, pero la compulsión y urgencia que me llevaba a beber ya no eran la fuerza que dominaba mi vida. Si le pedía a Dios por la mañana que me ayudara a no beber, ese día no bebía. No es que no quisiera hacerlo, pero si era fiel en pedir su ayuda, eso hacía todo diferente».

Sin embargo, según ella me contó había otro escollo que requirió de una segunda entrega. «Cuando creé Rainbow Days le dediqué muchas horas y en un punto me di cuenta de que estaba permitiendo que ahora fuera esto lo que controlara mi vida. El mismo miedo de siempre: tenía que ser perfecta y no podía mostrar debilidad. Me estaba matando, y eso me llevó a otro punto de inflexión, tanto para la organización como para mí personalmente.

»Fue doloroso», continuó Cathey, «y Dios debió traerme otra vez al punto de la indefensión física, mental y emocional antes de que estuviera dispuesta a entregarme. Fue un tiempo de oscuridad y dolor. Pero lo pasé y salí airosa, y como resultado hoy tengo más controles internos que antes. Puedo controlarme mejor. No tengo problema en admitir mis errores, como solía hacer antes, y tengo equilibrio en mi vida».

Cathey Brown no solo pudo vencer sus obstáculos, sino que de esto surgió su llamado. Del oscuro caos de su adicción surgió su propósito... una obra de verdadera importancia para ayudar a otros.[2]

Entonces dijo Dios: Hagamos al hombre a nuestra
imagen, conforme a nuestra semejanza; y señoree
en los peces del mar, en las aves de los cielos, en
las bestias, en toda la tierra, y en todo animal que
se arrastra sobre la tierra.

Y creó Dios al hombre a su imagen,
a imagen de Dios lo creó;
varón y hembra los creó.

Y los bendijo Dios, y les dijo: Fructificad y multiplicaos;
llenad la tierra, y sojuzgadla, y señoread en los peces del
mar, en las aves de los cielos, y en todas las bestias que
se mueven sobre la tierra. Y dijo Dios: He aquí que os
he dado toda planta que da semilla, que está sobre toda
la tierra, y todo árbol en que hay fruto y que da semilla;
os serán para comer. Y a toda bestia de la tierra, y a
todas las aves de los cielos, y a todo lo que se arrastra
sobre la tierra, en que hay vida, toda planta verde les
será para comer. Y fue así. Y vio Dios todo lo que había
hecho, y he aquí que era bueno en gran manera.
Y fue la tarde y la mañana el día sexto.

—Génesis 1:26-31

2

LA INTENCIÓN DE
DIOS

«En el principio creó Dios...» Estas primeras palabras en la historia de la creación nos dan un vistazo de lo que Dios tenía en mente cuando creó al mundo. La Biblia nos dice seis veces que Dios miró lo que había creado y dijo que era «bueno» (Génesis 1:4,10,12,18,21,24). Pero después de crear al hombre Dios dijo que era «bueno en gran manera» (1:31).

Es importante reconocer el lugar de los apetitos en la Creación. El hombre y la mujer, con sus apetitos individuales, fueron creados antes de que el pecado entrara al mundo. Como Adán y Eva fueron creados siendo buenos, sus apetitos también lo eran. No era necesario que se concentraran en satisfacerse a sí mismos porque estaban en íntima comunión con Dios. Antes de la Caída, Adán y Eva había elegido obedecer a Dios, y sus apetitos se centraban en la obediencia a Él. No luchaban con la satisfacción de sus apetitos de maneras no saludables o apartadas de Dios.

Imagine cómo debe haber sido no tener que pensar siquiera en satisfacer un apetito. Eva no comería de más porque su apetito por la comida estaría controlado y sujeto a su apetito primario de obedecer a Dios. Su deseo egoísta de comer solo por comer se vería eliminado por el deseo mayor de vivir en comunión con su Creador y honrarle. No habría necesitado el consuelo que pudiera darle la comida porque buscaba ese consuelo en Dios.

25

Al perder esa comunión primaria con Dios perdimos el control sobre nuestros apetitos. Culpemos a este revolucionario suceso de la Caída, el suceso que cambió todo para peor. Nuestros apetitos no son pecaminosos en sí mismos —después de todo, Dios nos los dio— pero sucede que a veces elegimos satisfacerlos de manera pecaminosa.

Por ejemplo, cuando sentimos un apetito descontrolado por la comida, esto señala que hemos puesto este apetito por encima de su lugar correspondiente, como función necesaria dada por Dios. Si nos gusta tanto la comida que ya solo pensamos en ella y no en nuestra comunión con Dios, deberemos andar con cuidado porque estamos actuando a partir de un deseo egoísta. El hecho de sentir hambre no es problema; Dios nos dio ese apetito para que nos alimentáramos. Hizo que fuera agradable satisfacer este apetito, lo cual veremos en más detalle un poco más adelante.

Como cristianos somos llamados a concentrarnos primero en Dios y luego en nuestro prójimo. Cuando nuestros apetitos se satisfacen de manera que deshonre a Dios y al prójimo, el acto y el placer que viene con él no agradan a nuestro Creador. Sin embargo, cuando satisfacemos nuestros apetitos según su intención, estamos actuando tal como Dios nos diseñó.

El valor de los apetitos

Los apetitos nos brindan motivación esencial. En su esencia, los apetitos tienen el propósito básico de motivarnos para que vivamos la vida a plenitud. Es por medio de nuestros apetitos por tener, hacer y ser más de lo que somos que actuamos para mejorar nuestra situación del momento. Los apetitos que no están corruptos nos brindan la ambición de lograr y efectuar una contribución al mundo.

Los apetitos unen a las personas. Si no fuera por el apetito de la compañía, los seres humanos no querríamos reunirnos. Este apetito alimenta el deseo de la intimidad, apela a nuestra sexualidad y en última instancia nos lleva a la procreación.

Los apetitos nos sostienen físicamente. Es necesario comer para sobrevivir y tener energías; por eso Dios nos hizo con el deseo de comer. También hizo que sintiéramos placer al disfrutar del alimento que Él provee. Comer es algo sorprendente, un estímulo-respuesta que nos ha dado Dios. Sentimos ganas de comer, lo cual es una función necesaria para vivir. Esa acción envía una respuesta de que se ha comido y el mensaje va directo al centro del «placer» en el cerebro.

Los apetitos nos llevan a placeres que nos enriquecen y completan. Nuestros apetitos satisfechos nos provocan placer. Los sentimientos de placer físico o emocional nos fueron dados por Dios. En 1 Timoteo 6:17 se alienta a todos a no poner «la esperanza en las riquezas, las cuales son inciertas, sino en el Dios vivo, que nos da todas las cosas en abundancia para que las disfrutemos». Si un apetito es satisfecho de manera que honre a Dios, el placer que nos da también proviene de Dios.

Los apetitos pueden estimular nuestro sentido de la aventura, haciendo que nos atrevamos a avanzar. Nuestros apetitos nos llevan a buscar lo nuevo, lo excitante. Viajar por el mundo, aprender a tocar el violín, hacer surf en el mar, todas estas son actividades que seguramente iniciamos por nuestro apetito por lo desconocido.

Los apetitos nos acercan a Dios. Tenemos dentro un anhelo por relacionarnos con nuestro Creador. Querer conocer a Dios es una cualidad que tenemos impresa en nuestro corazón. Nuestro deseo de seguridad espiritual nos lleva a buscar a nuestro Padre celestial. Y al hacerlo, encontramos paz, gozo y amor en abundancia.

LOS APETITOS EN EL PRINCIPIO

Hay ocho apetitos que aparecen en los primeros tres capítulos de Génesis. Al estudiar sus orígenes, piense si está usted luchando con alguno de ellos.

1. EL APETITO POR LA COMIDA

El apetito por la comida se revela en Génesis 1:29: «Y dijo Dios: He aquí que os he dado toda planta que da semilla, que está sobre toda la tierra, y todo árbol en que hay fruto y que da semilla; os serán para comer». Y nuevamente en Génesis 2:16: «Y mandó Jehová Dios al hombre, diciendo: De todo árbol del huerto podrás comer». Dios proveía comida para Adán y Eva y les dijo que podían comer porque les era necesario. Dios también les impuso restricciones con respecto a lo que podían comer: «Mas del árbol de la ciencia del bien y del mal no comerás» (v. 17).

Comer y festejar es tema común en la Biblia. Dios creó a su pueblo para que quisiera comer, y los alentaba a celebrar como modo de festejar las bendiciones que les daba a lo largo del año. Bendijo la satisfacción de este apetito en Eclesiastés 10:17: «¡Bienaventurada tú, tierra, cuando tu rey es hijo de nobles, y tus príncipes comen a su hora, para reponer sus fuerzas y no para beber!»

2. El apetito por el sexo

El apetito por el sexo se revela en Génesis 1:28: «Y los bendijo Dios, y les dijo: Fructificad y multiplicaos; llenad la tierra». La procreación fue algo que Dios le mandó hacer a Adán y Eva. Sin embargo, no era un mandamiento común que entrañaba deber o trabajo, y Dios no lo dio a los hombres y las mujeres solo porque así poblarían al mundo. Vea lo que dicen las Escrituras justo antes de «fructificad»: «Y los bendijo Dios». El regalo de la unión sexual era una bendición de Dios, no solo un mandamiento. Dios bendijo a Adán y a Eva dándoles el apetito del placer de la unión sexual para que fueran «una sola carne» (Génesis 2:24).

No tenemos que buscar demasiado para encontrar versículos adicionales en las Escrituras centrados en la belleza y la bendición del apetito sexual cuando se satisface como Dios lo desea. Todo el libro del Cantar de los Cantares se dedica a mostrar la belleza de una relación íntima satisfecha como Dios lo desea.

3. Apetito por autoridad y poder

El apetito por autoridad y poder aparece en Génesis 1:26: «Entonces dijo Dios: Hagamos al hombre a nuestra imagen, conforme a nuestra semejanza; y señoree en los peces del mar, en las aves de los cielos, en las bestias, en toda la tierra, y en todo animal que se arrastra sobre la tierra». Y nuevamente en el versículo 28: «Llenad la tierra, y sojuzgadla, y señoread en los peces del mar, en las aves de los cielos, y en todas las bestias que se mueven sobre la tierra». Dios creó al hombre con un propósito, parte del cual era la autoridad por sobre el resto de la Creación. Según el diccionario de la Real

Academia Española, *someter* significa «conquistar, subyugar, pacificar un pueblo, provincia, etc.»[1] Desde el comienzo fuimos creados para estar a cargo de la tierra y de los animales que hay sobre ella. Como resultado, es entendible que sintamos apetito de poder y autoridad.

El apetito por la autoridad y el poder no terminó el día en que fuimos echados del Edén. Algunos de los mejores ejemplos de cómo Dios continuó instando a las personas a utilizar ese apetito de manera saludable aparecen en el Nuevo Testamento. Cuando Jesús les dio a setenta seguidores autoridad sobre los demonios en Lucas 10:19-20, les proporcionó instrucciones importantes: «He aquí os doy potestad de hollar serpientes y escorpiones, y sobre toda fuerza del enemigo, y nada os dañará. Pero no os regocijéis de que los espíritus se os sujetan, sino regocijaos de que vuestros nombres están escritos en los cielos» No debemos descansar en el hecho de que Dios nos ha dado autoridad o dejar que esa autoridad nos consuma con fines egoístas. En cambio, debemos utilizarla para la gloria de Dios, cumpliendo su voluntad según nos es revelada.

Jesús también les dio a sus discípulos autoridad para utilizar su nombre al sanar a las personas. «Mas Pedro dijo: No tengo plata ni oro, pero lo que tengo te doy; en el nombre de Jesucristo de Nazaret, levántate y anda. Y tomándole por la mano derecha le levantó; y al momento se le afirmaron los pies y tobillos; y saltando, se puso en pie y anduvo; y entró con ellos en el templo, andando, y saltando, y alabando a Dios» (Hechos 3:6-8). Como creyentes hoy, se nos ha dado la misma autoridad por medio del poder del nombre de Jesús.

4. EL APETITO POR EL PLACER

Este apetito es obvio cuando leemos Génesis 2:9: «Y Jehová Dios hizo nacer de la tierra todo árbol delicioso a la vista, y bueno para comer». Dios creó el mundo, y específicamente el Jardín del Edén, para que fuera *placentero* a la vista. ¿Por qué hizo el esfuerzo adicional de embellecer las cosas y hacer que tuvieran sabor agradable? Porque Dios nos formó con cinco sentidos por medio de los que podemos disfrutar de lo que él creó, y nos dio el apetito de sentir placer a través de estos sentidos. Dios hizo todo para que lo disfrutemos.

Esto se describe en 1 Timoteo 6:17, donde se nos dice que pongamos nuestra esperanza «en el Dios vivo, que nos da todas las cosas en abundancia para que las disfrutemos».

5. El apetito por el trabajo

El apetito por el trabajo puede verse en Génesis 2:15: «Tomó, pues, Jehová Dios al hombre, y lo puso en el huerto de Edén, para que lo labrara y lo guardase». Cuando Dios creó al hombre, lo hizo con planes y propósitos específicos. Como sabemos, cuando Dios tiene un plan pone dentro de nosotros lo que necesitemos para cumplirlo. Como Dios quería que Adán y Eva cuidaran del Jardín, los creó no solo con talentos y habilidades sino con el deseo de hacerlo. Así que desde el principio fuimos creados con un apetito por el trabajo.

6. El apetito por compañía

Este se revela en Génesis 2:18: «Y dijo Jehová Dios: No es bueno que el hombre esté solo; le haré ayuda idónea para él». Este apetito aparece de nuevo en el versículo 20: «Mas para Adán no se halló ayuda idónea para él». Y una vez más en el versículo 24: «Por tanto, dejará el hombre a su padre y a su madre, y se unirá a su mujer, y serán una sola carne». La necesidad de estar con otras personas, de amar y ser amados, de sentirnos aceptados y de pertenecer, está en la esencia de todo ser humano. Nuestro apetito de compañía y amor es un deseo saludable, que Dios nos dio. Fuimos hechos a imagen de Dios, y Dios desea nuestra compañía (Salmo 135:4; Zacarías 2:10; Tito 2:14). Fuimos creados para su placer. Como Dios se complace en nosotros (Salmo 149:4; Sofonías 3:17), es natural que busquemos compañía.

7. El apetito de la relación con Dios

Este apetito también estuvo presente en el primer hombre y la primera mujer. Dios nos creó y plantó este apetito en nosotros. En el principio, Dios y los seres humanos tenían una relación directa y personal en el Jardín del Edén. A través de los primeros capítulos de Génesis vemos a Dios interactuando con Adán y Eva. Hablaban de forma directa el uno al otro. Dios les daba instrucciones (Génesis 1:29-30; 2:15-17) y también bendiciones (1:28). Adán eligió los nombres de cada uno de los animales que Dios creó (2:19-20). Pasaban juntos el tiempo suficiente como para que Dios supiera que a Adán le faltaba algo que necesitaba (una ayudante adecuada). Juntos, trabajaron para solucionar ese problema (2:18-25).

Adán y Eva aparentemente compartían con Dios a menudo, lo suficiente como para conocer el sonido de sus pisadas. Lo sabemos porque en Génesis 3:8, después de haber pecado, Adán y Eva «oyeron la voz de Jehová Dios que se paseaba en el huerto, al aire del día». Suena a una relación estrecha, ¿verdad?

En la actualidad, nuestro apetito de una relación con Dios continúa (Salmo 27:4; 84:2), y Él sigue llamándonos a estar en su compañía. En 1 Corintios 1:9 se nos dice: «Fiel es Dios, por el cual fuisteis llamados a la comunión con su Hijo Jesucristo nuestro Señor». Eclesiastés 3:11 dice que Dios «ha puesto eternidad en el corazón» del hombre.

La evidencia es clara y contundente: hemos sido creados con un apetito de Dios que ninguna otra cosa puede satisfacer. Afortunadamente Dios también desea estar con nosotros y nos llama suyos: «Reconoced que Jehová es Dios; Él nos hizo, y no nosotros a nosotros mismos; pueblo suyo somos, y ovejas de su prado» (Salmo 100:3). Disfrutar de la compañía de Dios es nuestro más profundo anhelo, nuestro más preciado tesoro. Este es el apetito que una vez satisfecho mantendrá a todos los demás apetitos en su lugar y prioridad correspondiente. Debemos aprender a satisfacer primero este apetito si queremos encontrar satisfacción para los demás anhelos y deseos que sentimos.

8. Apetito por el saber

El apetito por la sabiduría es el último que se describe en la historia de la creación. Se menciona en Génesis 3:6, unos momentos antes de que el pecado entrara en el mundo: «Y vio la mujer que el árbol era bueno para comer, y que era agradable a los ojos, y árbol codiciable para alcanzar la sabiduría; y tomó de su fruto, y comió». Ya hemos leído que todo fruto del Jardín era «bueno para comer»

(Génesis 2:9), pero la atracción de este fruto en particular era que también era «codiciable para alcanzar la sabiduría». Eva sentía apetito por el saber, y esto la llevó junto al fruto mortal. No está mal sentir deseos de saber. Como los demás apetitos, fue algo que Dios nos dio.

Jesús crece en sabiduría en Lucas 2:52: «Y Jesús crecía en sabiduría y en estatura, y en gracia para con Dios y los hombres». El libro de Proverbios fue escrito con el propósito de obtener sabiduría. Salomón era amado por Dios porque prefería la sabiduría por encima de todo otro logro terrenal. Como hijos de Dios también debemos buscar la sabiduría, porque es un don de Dios.

Examinaremos cada uno de estos apetitos con mayor profundidad más adelante, pero por ahora baste pensar en sus principios. Así como el mundo y nuestros primeros padres fueron creados buenos y bellos y en comunión con Dios, lo mismo sucede con nuestros apetitos. No se originaron en nosotros, sino en nuestro Creador. Lógicamente, al mayor apetito que tendremos es el de la compañía de Dios. ¡Qué gozo es saber que podemos ser satisfechos espiritualmente y tener una relación comprometida con nuestro Padre celestial!

Al viajar por este camino hacia la recuperación del control de nuestros apetitos, nos alentará saber que todos ellos están sujetos a la autoridad de Dios. La cuestión de cómo satisfacerlos es un llamado a buscar la obediencia a Dios en toda circunstancia y a través de todos nuestros apetitos y deseos. Esto implica hacer los cambios necesarios para satisfacerlos de manera que le honremos a Él. Cuando lo hacemos, la satisfacción y la plenitud son nuestra recompensa.

Siembra un pensamiento y cosecharás una acción;
Siembra una acción y cosecharás un hábito;
Siembra un hábito y cosecharás un carácter;
Siembra un carácter y cosecharás un destino.

—CHARLES READE

3

EL LIBRE ALBEDRÍO

Como hemos visto, nuestros apetitos nos son dados por Dios para servir a propósitos beneficiosos para nuestras vidas. Usted podrá preguntar entonces: *¿Qué hay de malo en satisfacerlos si son necesarios?* No hay nada malo en satisfacer nuestros apetitos. ¡Justamente el propósito de que sintamos estos deseos es el de satisfacerlos! El peligro no está en buscar la satisfacción, sino en elegir una manera de saciarlos que no sea la que corresponde. Quizá utilicemos cosas que no estén bien, o cosas que están bien pero en exceso y de manera incorrecta. Muy a menudo intentamos utilizar un apetito para satisfacer otro.

Para satisfacer plenamente un apetito debemos usar aquella cosa que en realidad es deseada. Por ejemplo, si tenemos sed debemos satisfacer ese deseo con algo para beber. Sin embargo, ¿qué pasaría si intentamos satisfacer esas ganas comiendo? Quizá sintamos algún alivio porque la mayoría de los alimentos contienen al menos algo de líquido, pero la satisfacción será temporaria. Y hay alimentos que aumentarán nuestra sed. El resultado deseado será aun más elusivo si intentamos satisfacer nuestra sed yendo de compras. Estas son soluciones ridículas, claro, pero igualmente ridícula es la forma en que muchos buscamos satisfacer algunos de nuestros apetitos menos obvios.

La satisfacción plena se obtendrá únicamente mediante la sustancia adecuada. También satisfacemos nuestros apetitos cuando pasamos por el dolor de resolver necesidades insatisfechas. Aun así, muchas veces no cubrimos nuestras necesidades con aquello que deseamos o necesitamos en verdad. En lugar de eso, buscamos sustitutos para nuestras necesidades reales, lo que nos causa dolor día tras día. El acto de llenar un agujero cuadrado con un tarugo redondo deja mucho que desear. Lo mismo vale con el modo en que intentamos satisfacer nuestros apetitos. Si buscamos algo que no encaja, nuestros apetitos inician el ciclo de convertirse en insalubres y peligrosos.

De cómo lo bueno se convierte en malo

No es difícil ver cómo algo valioso puede convertirse en algo destructivo. Piense en el fuego. Sea la llama de una vela o de una fogata, el fuego es un elemento con atributos positivos. Nos da calor, calienta la comida y trae luz a la oscuridad. El fuego también tiene cualidades purificadoras. Pero sus beneficios se aprecian únicamente cuando está controlado y contenido. Si se le permite al fuego salirse de sus límites, puede causar ruina y hasta destruir vidas. El fuego descontrolado es capaz de devorar todo a su paso.

Los apetitos son como el fuego. Cuando están controlados nos ayudan a sobrevivir, pero una vez salen fuera de control destruirán todo a su paso, incluyendo a la persona. El apetito descontrolado puede destruir la intimidad, chamuscar nuestra libertad y carbonizar nuestra relación con Dios. Cuando más tiempo se le permite seguir sin control tanto más difícil será volver a controlarlo.

Aun así, la tarea no es imposible. Por medio de la gracia de Dios y nuestra atención fiel y continua, hasta el apetito descontrolado podrá volver a ceñirse a los límites que impongamos. Un rato antes de sentarme hoy a escribir esta sección, hablé con un hombre que acababa de leer mi libro *La batalla de cada hombre*. Había utilizado la pornografía durante cincuenta años. Pero por primera vez desde que tenía memoria había pasado varios días sin sentir deseos de gratificarse a sí mismo o de consumir pornografía. Ya no satisface su apetito de manera insalubre porque se rindió a Dios y aceptó rendir cuentas ante algunos de sus amigos más confiables. Encontró la libertad. Usted también puede vivir esta experiencia, aunque solo si está dispuesto a enfrentar el fuego descontrolado que arrasa con su vida.

El poder de la carne

Muchas cosas cambiaron cuando el pecado entró en el mundo. Cuando Eva tomó el fruto, lo comió y luego le dio de comer a Adán, sus deseos por complacerse a sí mismos excedieron el deseo de agradar a Dios. Desde ese momento, esta ha sido nuestra lucha más grande: la batalla entre la carne y el espíritu; entre el hombre y Dios; entre nosotros mismos y los demás, entre el bien y el mal. Es una batalla que peleamos cada día.

A causa de la Caída, nacimos a un mundo de pecado, con una naturaleza pecadora que no quiere otra cosa más que satisfacer sus deseos egoístas. Nuestra carne quiere satisfacción a cualquier precio. Y no se conforma solo con sentirse bien en algún momento, no, ¡queremos placer y *ahora mismo*!

Nuestra naturaleza de pecado exige gratificación inmediata, y cuanto más grande el placer, tanto mejor. Desde la Caída tenemos que luchar con la realidad de que muchos de nuestros apetitos son contrarios a la voluntad de Dios y que debemos controlarnos o ellos nos controlarán a nosotros.

Y aunque Satanás participó en el hecho de torcer lo que Dios había creado como bueno para hacerlo malo, no lo hizo solo. Tampoco actúa solo en nuestros días. Satanás no tenía la capacidad de traer el pecado al mundo; no podemos culparlo. Tampoco tiene la capacidad de hacernos pecar. Satanás solo es responsable de presentarnos la tentación; la elección sigue siendo nuestra. El diablo ha elegido su punto de ataque con sumo cuidado. Cuando nos presenta la guerra, elegirá un campo de batalla que colabore para que su plan se cumpla. Quiere tener la ventaja. Pelear en un lugar donde las cosas ya están obrando en su favor hace que su tarea sea mucho más fácil.

La elección obvia será el campo de batalla de la carne. Satanás nos tienta con cosas que nuestra naturaleza de pecado ya desea. Hay momentos en que elegimos pecar sin que Satanás nos ayude siquiera. A veces nuestra carne quiere algo y decidimos dárselo. A menudo no necesitamos que nos convenzan. No es necesario que pensemos que Satanás está al acecho, detrás de cada lata de galletas, de cada centro de compras o de cada fotografía sensual, llamándonos a acercarnos, a morder el anzuelo. Muchas veces nos acercamos por propia voluntad.

El placer frente al dolor

Somos humanos y por ello deseamos sentir placer. Y lo que es más importante todavía: Dios desea que sintamos placer. Dios creó el Jardín del Edén para que fuera placentero (Génesis 2:9), Él nos da cosas que podemos disfrutar (1 Timoteo 6:17), y nos dice que es bueno que disfrutemos del fruto de nuestra labor (Eclesiastés 5:18-19). Dios quiere que tengamos lo que nuestro corazón desea (Salmo 37:4), y Él mismo siente placer (Salmo 147:11; Salmo 149:4).

Dios nos creó con cinco sentidos que nos permiten sentir el mundo que Él creó, y desea que disfrutemos de ese mundo. Tenemos una parte en nuestro cerebro que nos hace sentir placer cuando se le estimula. Ese centro de placer, llamado hipotálamo lateral, ha demostrado participar de todo tipo de experiencias placenteras. Cuando disfrutamos de la comida, la música, las relaciones sexuales, las drogas, el afecto, el alcohol, las apuestas y todo otro placer, se estimula una conexión común que lleva directamente al centro del placer.[1]

Entonces, si fuimos creados para sentir placer, ¿por qué no buscarlo? Nuestra sociedad dice: «¡Hágalo!» Nuestros amigos nos dicen: «Si te hace sentir bien, ¡hazlo!» Y nuestra carne dice: «¡Más, más, más!» Desdichadamente, cuando el placer se convierte en lo que buscamos, pronto veremos que nunca habrá suficiente como para estar satisfechos. Nuestros apetitos se descontrolan por medio del proceso de intentar utilizar uno de ellos para saciar el otro. Un apetito saludable no se satisfará con algo insano. Esto ciertamente no funcionará. Cuando vemos que lo que utilizamos no funciona comenzamos a sentir desesperanza. Los apetitos insaciables son a menudo el resultado de este sentimiento de desesperanza.

Nuestros apetitos anhelan la satisfacción, pero cuando la actividad elegida no produce el resultado deseado, buscamos más y más experiencias para llenar las brechas. Cuando más tiempo pasemos sin satisfacer un apetito, tanto mayor será el dolor (emocional o físico) que debamos sufrir. Cuanto más profunda sea nuestra percepción de este dolor, tanto mayor será la necesidad de aliviarlo. Comenzaremos a buscar más y más de lo que no está funcionando. Al final, nos desesperaremos y buscaremos «lo prohibido», sea lo que fuere, esperando que finalmente borre el dolor de la desesperanza. Sin embargo, aun lo prohibido solo nos satisfará a medias, de manera temporaria. Una vez satisfecho el antojo y pasado el alivio temporal, el dolor vuelve acompañado de la vergüenza y la culpa. Ahora necesitamos más ungüento todavía para medicar nuestro dolor.

David Sper escribe en *Designed for Desire* (Diseñado para desear): «La raíz de toda perversión e inmoralidad sexual comienza con el deseo de aliviar el dolor por medio del placer».[2] Como seres humanos, nuestro objetivo principal pareciera ser el de buscar placer y evitar el dolor. Así que cuando sentimos dolor como resultado de nuestra incapacidad para satisfacer nuestros anhelos, seguimos buscando más y más placer para vencer y borrar (esperamos) ese dolor.

Lo más probable es que usted conozca personas que han intentado satisfacer su apetito de placer con comida, cigarrillos, sexo o alcohol. Y lo más probable es que hoy estén o muertos o sufriendo alguna enfermedad, como la obesidad, el cáncer, el SIDA u otras. Hay gente que elige las drogas, las apuestas o la pornografía para satisfacer su necesidad de control. Si han sido atrapados, hoy estarán sufriendo el dolor de la cárcel, de la ruina económica o de las relaciones destruidas. Muchos más eligen llenar su deseo de amor y atención por medio de relaciones nocivas que quizá hayan resultado en malas experiencias de abuso, aventuras y divorcio.

EL APETITO QUE SE CONVIERTE EN PECADO

Todo pecado es resultado de un apetito que se desvía y se satisface con algo que no es lo que Dios tiene pensado como satisfacción. Sentimos el apetito por medio de la sensación de que nos falta algo. Luego comenzamos a buscar fuera de nosotros algo que pueda llenar este vacío. Esto puede ser especialmente destructivo si cuando necesitamos algo espiritual buscamos en el mundo físico lo que pueda satisfacernos. Debemos aprender a buscar una relación espiritual con Dios primero. Si no lo hacemos, buscaremos llenarnos con algo que no está en los planes de Dios y quizá nos encontremos en medio del pecado. Harry Schaumburg escribe: «Cuando las personas buscan el cielo por sus propios medios crean un infierno en vida de deseos incontrolables».[3]

Muchas veces queremos creer que la razón por la que nuestros apetitos se descontrolan es que se nos está privando de algo que pensamos necesitar. Quizá digamos: «Si tan solo tuviera dinero suficiente para pagar mis cuentas, no necesitaría beber tanto». O: «Si tuviera alguien que me amara, no necesitaría estar mirando esta pornografía».

La realidad, sin embargo, es que no importa cuánto tengamos, no estamos a salvo de la posibilidad de que nuestros apetitos se descontrolen. No importa cuánto amemos a Dios, no estamos exentos de la tentación. Convertimos lo que creemos necesitar en una excusa que justifica nuestras malas elecciones.

¿Somos en verdad tan desastrosos?

Nuestras malas elecciones se originan en la indulgencia hacia uno mismo y en la obsesión por hacer las cosas por cuenta propia. Buscamos placer y queremos evitarnos el dolor porque creemos que tenemos derecho a ello. El placer carnal que buscamos sirve a nuestros propios propósitos. Lo único que nos importa es reducir nuestro dolor personal. Nuestro corazón rebelde dice: *¿Qué importa si alguien más sufre? Al menos son ellos, no yo*. Nuestras ansias de placer son tan fuertes como nuestro deseo de evitar el dolor y la tristeza. Cuando unimos ambas cosas, tenemos la fórmula para la destrucción personal.

El rey David fue un hombre que parecía tener todo lo que pudiera querer o necesitar. A los treinta años era ya el rey de una gran nación y se había probado como poderoso guerrero y líder. Era famoso por sus victorias y tenía incalculables riquezas. También había muchas, muchas mujeres que se dedicaban a servirle y satisfacer todas sus necesidades.

¿No parece describir esto a alguien que debiera estar satisfecho? ¡David tenía todo lo que un hombre podría querer! Fama, fortuna, poder, mujeres. Amaba a Dios y se le llamó «un hombre según el corazón de Dios». Con todo lo que tenía, incluyendo una estrecha relación con su Padre celestial, es difícil imaginar que los apetitos de David pudieran descontrolarse.

Una noche, David caminaba por su palacio y sintió el saludable apetito de la compañía. Tenía muchas esposas y concubinas con quienes podía saciar ese apetito, pero no eran las únicas opciones disponibles. Satanás le presentó a David otra opción: su nombre era Betsabé. Estando David sobre la azotea del palacio, se le presentó esta alternativa. Este hombre, el hombre que tenía todo lo que pudiera querer, tomó la decisión equivocada. Su apetito de compañía se convirtió en el pecado del adulterio. Y no terminó allí.

Como sucede con muchos apetitos, una vez que el deseo de compañía de David se convirtió en pecado, rápidamente cobró vida y comenzó a controlas sus decisiones, llevándolo a más pecado y casi a la destrucción. El pecado de adulterio de David se transformó en una serie de mentiras, engaños, cosas ocultas y finalmente, en asesinato. El apetito descontrolado de David dio como resultado mucho sufrimiento y desesperanza. Su intento de evitar el dolor de la soledad por medio del placer inmediato terminó en un dolor mayor del que pudiera haber imaginado.

Para entender cómo fue que este hombre conforme al corazón de Dios cayó en desgracia, solo hay que mirar un poco más allá de la historia. Los compañeros de David habían ido a la guerra en la primavera de ese año, lo cual era costumbre para los hombres en aquellos días, quizá a causa de su impaciencia después de los fríos y oscuros meses del invierno. Pero ese año, el año del más famoso caso de adulterio en toda la historia, David no fue a pelear en la guerra. Se quedó en casa solo. No estaba en compañía de otros hombres, donde hallaría aliento y responsabilidad. Esto nos sirve de lección hoy. Al luchar por controlar nuestros apetitos, debemos recordar que además de buscar a Dios debemos también buscar amistad y responsabilidad, o también terminaremos fracasando. Cualquiera de nosotros puede caer tan rápido y tan bajo como David.

Si no ha leído esta triste historia, lea 2 Samuel 11 e interiorice en su corazón este excelente ejemplo de lo que puede resultar de nuestros apetitos.

Aprendemos que podemos sentirnos mejor, al menos durante un breve período, satisfaciéndonos con actividades de indulgencia hacia nosotros mismo. «La autoindulgencia es la satisfacción excesiva de nuestros apetitos y deseos sensuales con el propósito específico de complacernos».[4]

Nuestro mundo, nuestras decisiones y nuestras vidas se ven alimentadas por nuestro apetito de placer. John Piper explica que el problema «no es que seamos buscadores de placer, sino que estemos dispuestos a conformarnos con placeres tan vanos».[5]

El punto es que hemos sido diseñados para el placer, pero el placer que hemos de buscar —el que verdaderamente nos satisfará— es el de encontrar placer en Dios. Sin embargo, nos conformamos con burdas imitaciones, reproducciones y falsos dioses. Quizá digamos que nuestros apetitos son demasiado fuertes como para que los ignoremos, pero C. S. Lewis nos da una perspectiva diferente en su maravillosa reflexión.

> Parecería que nuestro Señor encuentra que nuestros deseos no son demasiado fuertes, sino demasiado débiles. Somos criaturas casi enclenques en nuestra voluntad, que andamos perdiendo tiempo con la bebida, el sexo y la ambición, mientras se nos ofrece infinito gozo, como el niño ignorante que quiere seguir haciendo tortas de barro en un barrio pobre porque no puede imaginar lo que significan unas vacaciones junto al mar. Nos conformamos demasiado fácilmente.[6]

¿SE DA CUENTA CUANDO ALGO ES FALSO?

Cuando consideramos de forma racional que lo que en realidad queremos y necesitamos es una relación íntima con nuestro Creador, parece ridículo pensar que cualquier cosa que hay sobre la tierra podría siquiera acercarse a una imitación de lo que satisfaría nuestros deseos espirituales. Seguramente nada de lo que tiene para ofrecer este mundo físico podría empezar siquiera a satisfacer nuestro espíritu. Pero Satanás es un enemigo inteligente y no debemos subestimarlo. El diablo sabe que tenemos una pasión por adorar, y ha inventado varias imitaciones que fácilmente pueden engañar al ojo poco avezado. Piense en las drogas y el alcohol como en sustitutos de Satanás para la religión y la adoración, y verá lo eficientes que son. Ambos pueden:

- Ofrecer respuestas inmediatas aunque temporarias a los problemas del aburrimiento, el rechazo, la soledad, la depresión y la ansiedad.
- Ofrecer la posibilidad de conectarnos y unirnos con otras personas mediante la socialización y las reuniones.

- Ofrecer al menos un alivio temporal al dolor provocado por conflictos internos.
- Borrar desilusiones, frustraciones, fracasos y sentimientos de poca valía.
- Producir sentimientos de confianza en nosotros mismos y fuerza interior.
- Brindarnos un refugio de comodidad, descanso y paz del caótico mundo.[7]

Las elecciones de Satanás no están tan lejos de lo que buscamos. Es por eso que se nos puede conformar y persuadir con tanta facilidad. Nos convencemos de que esta opción inmediata «se acerca bastante» a lo que buscamos. Jeff Vanvonderen, en su libro *Good News for the Chemically Dependent and Those Who Love Them* (Buenas noticias para el fármacodependiente y aquellos que le aman), destaca: «El verdadero peligro con las sustancias químicas no es que no sirvan. El problema es que sí sirven y funcionan, al menos mientras duran sus efectos».[8] Él presenta dos preocupaciones importantes con respecto a lo que las sustancias químicas hacen en la vida de una persona:

1. Las sustancias químicas suelen ser más confiables que las personas cuando se trata de aliviar el dolor emocional.
2. Las sustancias químicas causan problemas y dolor adicionales, pero al mismo tiempo adormecen el dolor y anestesian toda señal de que hay algo que no anda bien.[9]

Si usted no es capaz de descubrir los sustitutos de Satanás para la vida abundante de Dios, entonces corre peligro de caer en sus trampas. Cuando Dios le ofrece paz, gozo y plenitud, entrega exactamente lo que promete. Sin embargo, cuando Satanás le presenta alguno de sus sustitutos, no le cuenta la historia completa. Recuerde, Satanás es el padre de todas las mentiras. Nos dice una parte de la verdad para que nos interese, y luego omite contarnos el resto. La omisión de datos también es una mentira.

Vea lo que le dice Satanás a Eva en el Jardín del Edén, según nos lo presenta Génesis 3:1-5. Satanás le pregunta a Eva, buscando crearle confusión y duda: «¿Conque Dios os ha dicho: No comáis de todo árbol del huerto?» Cuando Eva respondió que sabía lo que Dios había ordenado —que si comían del árbol del medio del jardín morirían— Satanás comenzó con su engaño. Le presentó *parte* de la verdad, y omitió decirle el resto. «Entonces la serpiente dijo a la mujer: No moriréis; sino que sabe Dios que el día que comáis de él, serán abiertos vuestros ojos, y seréis como Dios, sabiendo el bien y el mal».

Satanás solo presentó una parte de lo que sucedería si Eva comía el fruto. Dicho con mayor precisión, le habló a Eva solo de los beneficios inmediatos. Pero omitió decirle el resto de la historia. No le explicó a Eva que cuando comiera del árbol y se abrieran sus ojos al conocimiento del bien y el mal, también le pasarían otras cosas:

- Sentiría culpa y vergüenza.
- Su relación con su esposo se vería afectada para mal.
- Le avergonzaría su desnudez.
- Nunca volvería a tener la misma relación con Dios.
- Conocería el miedo.
- Pariría con dolor.
- Moriría.

¿Por qué no nos cuenta Satanás la historia completa? Porque sabe que si viéramos cómo han de terminar las cosas no aceptaríamos lo que nos ofrece. Esta técnica no es usada con efectividad solo por Satanás. La publicidad y las compañías de mercadeo en todo el mundo utilizan con regularidad esta estrategia para vender sus productos. Recuerde el último comercial de cerveza que haya visto en televisión. Solo se ofrece al consumidor una parte de la historia, ¿verdad? Vemos la escena junto a la piscina y pensamos: *Sí, eso es vida… una cerveza helada, deliciosa, amigos, todos reunidos junto a la parrilla y a punto de disfrutar de la deliciosa carne asada. Así es como quiero divertirme con mis amigos este fin de semana.*

¿Ha visto algún comercial de cerveza donde se muestre a un borracho golpeando a su esposa? ¿O el funeral de un adolescente atropellado por un conductor ebrio? ¿O a la madre alcohólica a la que le han quitado los hijos porque no cuidaba de ellos como debía? Estos sombríos comerciales nos contarían la historia completa sobre lo que puede pasar cuando satisfacemos nuestros deseos con exceso de indulgencia hacia nosotros mismos.

Los cristianos hemos de ser vigilantes cuando se trata de oír la verdad. Si examináramos en detalle la historia real detrás de nuestras decisiones para satisfacer nuestros apetitos y el modo en que afectan a los demás, muy posiblemente no nos entregaríamos con tal facilidad, equivocando nuestra elección.

El cuidado del alma es un modo fundamentalmente diferente de ver la vida cotidiana y la búsqueda de la felicidad. Es un proceso continuo que se ocupa no tanto de «arreglar» una falla central, sino de prestar atención a los pequeños detalles de todos los días, así como también a los cambios y decisiones importantes.

—THOMAS MOORE, *CARE OF THE SOUL* (CUIDADO DEL ALMA)

4

CÓMO COMIENZA
EL CAMBIO

Solo el cristiano muy ingenuo cree que nuestra lucha contra el pecado termina en el momento de la salvación. Ese no es el caso. Nuestra lucha contra el pecado *se inicia* en el momento de la salvación. ¿Por qué? Porque antes de ser salvos no luchábamos contra el pecado, sino que nos entregábamos a él. Mientras uno juega en el equipo del pecado, digamos, no tiene grandes dificultades para participar en todo lo que el pecado nos incita a hacer. Y aun si quisiéramos dejar el equipo, sabemos que no podríamos hacerlo solos. El poder que el equipo ejercía sobre nuestra voluntad era peor que el chantaje, la extorsión o la amenaza. Estábamos atrapados. Éramos esclavos de nuestra naturaleza pecadora, que nos controlaba. No es sino hasta que aceptamos la invitación de Jesucristo para cambiar de bando y formar parte de su equipo que la verdadera pelea contra nuestro equipo antiguo comienza.

El entrenamiento en este nuevo equipo es grandioso, y Jesús tiene mucha paciencia con usted mientras aprende a «jugar según el reglamento», el cual jamás se había aplicado en el viejo equipo. Mientras lucha por aprender todo lo que puede de su nuevo Entrenador para poder jugar utilizando al máximo todo su potencial, pronto se da cuenta de que es difícil abandonar los viejos hábitos. Sabe ya que forma parte del equipo ganador, que es amado y aceptado, pero pareciera que algunos del viejo equipo le han seguido hasta aquí. Deseaba mucho dejarlos atrás, pero sus viejos compañeros de lujuria, codicia, orgullo y envidia siguen llamándolo e intentando convencerle de que vuelva con ellos. Usted se resiste (al menos gran parte del tiempo), pero cada vez le insisten con más énfasis ¿Qué hará?

Con reticencia decide ir a hablar con su Entrenador para contarle todo esto. ¿Qué pensará Él? ¿Lo echará a patadas del equipo, enviándolo de nuevo a la vida de dolor que solía padecer? ¿Le dirá que debe vivir con esto? ¿O sabrá Él cómo pelear? Sea cual fuere el caso no tiene usted más opción que contarle qué sucede, porque ya no puede más. Cuando va ante Jesús y le dice que sus viejos compañeros lo persiguen y acosan, se sorprende porque Él ya lo sabía. Le dice que esto le pasa a cada uno de los miembros de su equipo, lo cual le ayuda a saber que no es usted el único. ¡Y lo más importante es que Jesús le dice que hay esperanza!

La paz no está fuera de su alcance, ni tampoco lo está el dominio de sus apetitos. La sanidad comienza con la resolución de nuestro conflicto interno entre el cuerpo y el espíritu. Y en tanto el cuerpo se inclina hacia las comodidades y los placeres sensuales, el espíritu busca significado, permanencia y verdad. Esta puja a veces pareciera partirnos en dos, pero es parte del camino del cristiano y no puede buscarse un atajo ni negociarse.

No somos hechos aceptables ante Dios por nuestro propio mérito. No podemos ganar el derecho a estar ante el Todopoderoso. Solo por medio de su gracia, perdón y amor incondicional es que somos lavados. Y solo al reconocer nuestra necesidad de perdón y al estar dispuestos a darlo y recibirlo tendremos la oportunidad de sanar, lo cual necesitamos con desesperación.

Buscar el perdón

Si no enfrentamos el tema del perdón seguiremos aferrándonos a las emociones negativas como el odio, la ira, la amargura y el resentimiento. Debemos reconocer que tenemos estos sentimientos hacia nosotros mismos, hacia los demás, y posiblemente hacia Dios, antes de poder comenzar a controlar nuestros apetitos. Sin este reconocimiento de parte de nosotros estas emociones negativas seguirán creciendo e infestando nuestro corazón, y una vez más nos llevarán a encontrar algún modo de acallarlas. Sin perdón, iremos derecho hacia la utilización reiterada de nuestros apetitos para acallar el dolor. Así que, si usted quiere obtener el control sobre sus apetitos deberá estar dispuesto a enfrentar ese dolor del que ha estado tratando de esconderse.

Comenzamos por admitir que necesitamos ser perdonados. Para poder ver su necesidad de perdón deberá ver su vida con un par de anteojos del color de la realidad. Tendrá que enfrentar la realidad de cómo se comportó y a quién lastimó. Tendrá que dejar de esconderse detrás de excusas, del orgullo, de su independencia o sus falsas creencias y comenzar a verse como lo ve Dios: como un pecador salvado a través de la gracia. No es ni mejor ni peor que alguien más. Todos necesitamos el perdón de Dios. Romanos 3:23-24 dice: «Por cuanto todos pecaron, y están destituidos de la gloria de Dios, siendo justificados gratuitamente por su gracia, mediante la redención que es en Cristo Jesús». Lo único que tenemos que hacer es admitir que somos pecadores y necesitamos ser perdonados. Si nos negamos a aceptar que hemos obrado mal, todavía no estamos preparados para comenzar a sanar. Sin embargo, cuando admitimos y confesamos nuestros pecados Dios hace algo asombroso:

> Si decimos que no tenemos pecado, nos engañamos a nosotros mismos, y la verdad no está en nosotros. Si confesamos nuestros pecados, él [Dios] es fiel y justo para perdonar nuestros pecados, y limpiarnos de toda maldad. Si decimos que no hemos pecado, le hacemos a él mentiroso, y su palabra no está en nosotros (1 Juan 1:8-10).

Para sanar necesitamos ser perdonados. Necesitamos confesar que hemos permitido que nuestros apetitos se convirtieran en nuestros ídolos. Les hemos servido en lugar de servir a Dios. Hemos buscado la gratificación y el placer inmediatos en las cosas de este mundo, a veces al punto de dañar nuestro cuerpo, que es el templo del Espíritu Santo (1 Corintios 6:19). Y hemos afectado de manera negativa nuestro testimonio para Cristo por medio de nuestra falta de control. Debemos confesar todas estas cosas ante Dios y buscar su perdón si hemos de comenzar a vivir en victoria.

Después de confesar ante Dios y ser perdonados, el siguiente paso en el proceso del perdón es buscar este perdón en nuestra relación con los demás. Dar y recibir perdón son dos cosas íntimamente ligadas. En realidad, no se puede tener una sin la otra: «Porque si perdonáis a los hombres sus ofensas, os perdonará también a vosotros vuestro Padre celestial; mas si no perdonáis a los hombres sus ofensas, tampoco vuestro Padre os perdonará vuestras ofensas» (Mateo 6:14-15). Debemos seguir el ejemplo que se nos presenta: «Soportándoos unos a otros, y perdonándoos unos a otros si alguno tuviere queja contra otro. De la manera que Cristo os perdonó, así también hacedlo vosotros» (Colosenses 3:13). Si tenemos esperanzas de ser perdonados, debemos aprender a perdonar.

El perdón es un camino de ida y vuelta. Debemos admitir ante nosotros mismos y ante los demás cuánto daño hemos causado. Debemos dejar de lado nuestro orgullo y enfrentar el dolor de cómo han impactado en las vidas de los demás nuestras elecciones, conductas y palabras. Debemos buscar el perdón de los demás por el daño que hayamos causado, por no amar como se nos llama a amar, por no hacer que nuestra vida dé testimonio de Cristo y por pecar en contra de nuestro prójimo. Debemos estar dispuestos a hacer esto de palabra y de hecho. Pedir perdón significa que estaremos dispuestos a reparar el daño. Pídale a Dios que le guíe para acercarse a estar personas y sanar el dolor que sienten ellos y usted.

Una de las razones por las que a muchas personas le cuesta perdonar a otros es que no entienden de veras lo que es el perdón. Parte de nuestra reticencia a dar perdón parece estar ligada a la creencia de que si perdonamos le estamos diciendo a esta persona que lo que nos hizo estaba bien. Debbie piensa que esta creencia puede ser inculcada en los niños desde temprano.

Mi esposo Jim y yo aprendimos esto criando a nuestros tres hijos e intentando enseñarles sobre el perdón. Cuando nuestros hijos hacían algo mal, les enseñábamos a venir ante nosotros (o ante sus hermanos) y a decir que lamentaban lo que habían hecho. Pensábamos que hacíamos bien en enseñarles a admitir sus errores y buscar perdón. Pero un día nos dimos cuenta de que estábamos equivocados.

Cuando uno de nuestros hijos venía y se disculpaba por algo como la rotura de un objeto en la casa, una mentira o el incumplimiento de una tarea asignada, respondíamos de la siguiente manera: los abrazábamos y decíamos: «Está bien. Te perdonamos, y te amamos a pesar de todo». No era una mala respuesta, pero no estaba enseñándoles efectivamente lo que de veras queríamos que aprendieran. Tal respuesta a un niño le indica: *«Cuando hago algo mal y luego pido perdón, entonces ya está todo bien».*

Hemos cambiado nuestra repuesta esperando enseñarles un modo de perdonar más adecuado. Cuando uno de ellos viene a decirnos que ha hecho algo malo y que pide perdón por ello, le decimos algo como: «Estoy de acuerdo que está mal lo que hiciste, y elijo perdonarte».

¿Ve la diferencia? Perdonar a alguien que nos ha lastimado no significa que estemos diciéndole que hizo algo que estaba bien. El perdón no condona ni excusa lo que sucedió. En cambio, concuerda en que se cometió algo malo, pero que ya no utilizaremos esto como argumento en contra de esa persona.

Es muy posible que sienta dolor emocional mientras avanza a través del proceso del perdón. El dolor que debemos enfrentar al dar y recibir perdón es a veces justamente lo que nos impide hacerlo. Queremos evitar toda semblanza de dolor y por ello haríamos cualquier cosa para evitarlo. Sin embargo, para que ocurra la verdadera sanidad debemos llegar al punto de estar dispuestos a enfrentarnos al dolor de una vez por todas, de volver a apenarnos, admitir, aceptar y perdonar. Solo cuando perdonamos podremos hacer que nuestros apetitos sirvan a los propósitos para los que fueron creados.

El paso final en el proceso del perdón implica la voluntad de perdonarnos a nosotros mismos por nuestros errores. Quizá sea esta la faceta más difícil del concepto del perdón. Seguimos castigándonos emocional y mentalmente por los errores que cometidos. Los repetimos en nuestra mente y nos criticamos duramente por ello. Esto implica que no hemos decidido aceptar el perdón que Dios nos da. Debemos disponer del tiempo para buscar el perdón de Dios y luego perdonarnos por los errores que cometimos, por confiar tanto en nuestras propias fuerzas, y por poner las cosas de este mundo por delante de Dios. Una vez que hayamos hecho esto, debemos dejarlo atrás y avanzar.

Cuando seguimos castigándonos por algo que ya confesamos ante Dios, le estamos diciendo que no creemos que realmente nos haya perdonado. Seguir aferrados a nuestros errores confesados no forma parte del plan de Dios para nuestra vida. Así que si su pasado le persigue recuerde que no es Dios el que se lo está recordando, porque él ya lo olvidó (Salmo 103:12). Satanás quiere mantener el pasado ante usted para impedir que pueda disfrutar de la vida en abundancia que Dios promete a los suyos. Quizá le ayude recordar estas palabras que aparecen en una calcomanía para autos: *Cuando Satanás te recuerde tu pasado, solo recuérdale su futuro.*

ACEPTE LA RESPONSABILIDAD

Si espera hacer las paces con sus apetitos debe saber que usted es responsable de sí mismo, de sus elecciones, de las consecuencias de esas elecciones y de buscar la ayuda que hace falta para cambiar. No puede culpar a nadie más por los problemas que tiene. No importa cuál sea su historia, cómo haya sido su niñez o cuál sea su situación actual, usted es ahora un adulto responsable de sí mismo y elige cómo vivir su vida. ¿Le suena duro esto? Bueno, quizá sea tiempo de ver en realidad qué es lo que hace falta para sanar y volver a recuperar su vida.

No solo no hay otro que culpar más que a usted mismo, sino que además no hay nadie que pueda realizar los cambios que hacen falta más que usted. Nadie podrá hacerle madurar. Todo cambio que espere hacer tendrá que hacerlo usted mismo a través del poder del Espíritu Santo en su vida.

¡DEJE YA DE CULPAR A LOS DEMÁS!

Desde el principio mismo el hombre siempre ha buscado culpar a otros por sus pecados. Recuerde a Adán y a Eva y el primer pecado. Cuando se le preguntó a Adán, él culpó a Eva: «La mujer que me diste por compañera me dio del árbol, y yo comí». (Génesis 3:12). No solo culpó a Eva, sino que fue un paso más allá y hasta involucró a Dios mismo («la mujer que *me diste*»), solo por si acaso alguien pensara en culparle a él.

Culpamos a la persona que nos vendió la droga, y por las dudas también a la compañía farmacéutica que la fabrica. El mesero tiene la culpa de seguir sirviéndonos bebida cuando estamos obviamente ebrios, y también culpamos a los de la destilería. Culpamos a nuestros padres por no habernos enseñado a comer sano, y a los restaurantes de comida rápida por vender alimento con alto contenido en calorías. Hacemos todo lo que está a nuestro alcance para evitar hacernos responsables. Culpamos a quien podamos, y aun a quienes hasta ese momento nos ayudaban a saciar esos apetitos.

Es hora de dejar de culpar al almacén y al restaurante por nuestra obesidad, a la industria tabacalera por nuestro cáncer de pulmón, a los laboratorios y destilerías por nuestro abuso de sustancias, a los casinos por nuestro juego compulsivo, a los centros comerciales por nuestra adicción a las compras, a los fabricantes de condones por los embarazos de adolescentes y las enfermedades de transmisión sexual. Si hay alguna esperanza de sanidad, debemos comenzar a poner las culpas donde corresponden... sobre cada uno de nosotros que nos negamos a controlar nuestros apetitos y conductas.

¡Deje ya de inventar excusas!

Las excusas no son más que racionalizaciones que utilizamos para que nos ayuden a sentir menos culpa por hacer exactamente lo que queremos hacer. Cuando nuestras creencias y conductas están en conflicto, al final unas u otras deberán cambiar, porque no podemos vivir de forma indefinida en conflicto. Por desgracia, es más probable que cambiemos nuestras creencias, no nuestras conductas.

Yo (Steve) me referí a este conflicto en un trabajo anterior diciendo que cuando las personas «no quieren cambiar su conducta y ya no pueden vivir en conflicto, cambiarán lo que creen que es verdad para que combine con lo que tienen ganas de hacer».[1]

¿Le suena conocida alguna de estas frases?

- Sí, lo hice, pero tengo una buena excusa.
- En realidad no está del todo mal porque nací así.

- No me puedo controlar.
- Mi padre era alcohólico, así que lo llevo en los genes.

Culpar a otros no nos absuelve de nuestra responsabilidad, como tampoco lo logran las excusas. Culpar a otros es como decir: «No sabía qué más hacer, así que dejé que otros decidieran por mí». Esto es ser estúpido. Y presentar excusas es como decir: «Sé que esto está mal pero lo haré de todos modos porque…»

Desdichadamente esta es una solución efímera porque presentar excusas para hacer lo que nos viene en ganas funcionará solo mientras deseemos hacer tales cosas. Nuestros deseos cambian de continuo. Y la próxima vez, tendremos ganas de hacer algo distinto, y entonces tendremos que inventar otra excusa o cambiar nuestras creencias una vez más.

Para ser realistas debemos mirarnos, ver nuestras conductas y decidir qué es lo que vamos a creer. Debemos decidir basar nuestras creencias de una vez por todas en la Palabra de Dios y dejar de inventar excusas por las conductas que no caen dentro de sus límites. La única forma saludable de resolver el conflicto entre nuestras creencias y conductas es comenzar a cambiar nuestras conductas para actuar de acuerdo a la voluntad de Dios para nuestras vidas, porque eso jamás cambia. ¡Es hora de empezar a aferrarnos a nuestras convicciones!

¡Deje ya de creer en sus propias mentiras!

Nuestra lucha es la misma que describe Pablo en Romanos 7, cuando habla de hacer lo que no quería hacer, y de no hacer lo que sí quería. Al menos Pablo admitía tener esta lucha. Nosotros seguimos alimentando nuestras mentiras y esforzándonos por convencernos de que hay una buena excusa que justifica nuestra decisión, en lugar de cambiar las conductas y sufrir angustia.

Usamos toda nuestra imaginación para mentirnos a nosotros mismos y evitar tener que cambiar. En realidad, los cristianos muchas veces usan su cristianismo como excusa:

- Ya estoy perdonado.
- Dios me ama sin importar lo que haga.
- Dios me hizo de esta manera, así que Él entiende.
- No hay condención en Cristo, así que no debo sentirme mal por eso.

¡Qué triste es que comencemos a usar nuestra fe para mentirnos a nosotros mismos y para inventar excusas que justifiquen nuestros pecados! Ser cristianos no nos absuelve de la responsabilidad por nuestras acciones, y no significa que seamos libres de hacer lo que nos venga en gana porque ya hemos sido perdonados. Esto es mentira, nada más que mentira. No debemos usar jamás nuestra libertad como cristianos para racionalizar nuestra conducta de satisfacer los apetitos de la carne. Ser «libres» y tener el «derecho» a hacerlo no hace que esté «bien» hacerlo. Si satisfacer un apetito causa daño a otros o a nosotros mismos, esto no forma parte del plan de Dios para nuestra vida. Debemos dejar de mentir y de abusar de nuestra libertad en Cristo si hemos de sanar.

ALIMENTE LAS RELACIONES SALUDABLES

A medida que alimentamos y fortalecemos relaciones saludables con otras personas llenamos los vacíos que nos hacen buscar una satisfacción dañina para nuestros apetitos. Dios desea que vivamos en comunidad y su plan para la restauración incluye nuestra relación con otras personas. Nuestra interacción con otros satisface necesidades básicas, como la de ser amados y aceptados tal como somos. Necesitamos sentirnos valorados, importantes. Necesitamos sentir que pertenecemos para saber que no debemos enfrentarnos en soledad a los problemas de la vida. Dios no solo creó estas necesidades en nosotros, sino que además nos provee de los medios que necesitamos para satisfacerlas. Su plan incluye la relación saludable con nuestra familia biológica y con nuestra familia de la iglesia.

MIRE DE CERCA

No podemos seguir haciendo lo que siempre hemos hecho y esperar que el resultado sea diferente. Eso es locura. El que ha observado que no puede controlar su impulso de gastar dinero no debe pasar su tiempo libre en el centro comercial. El hombre que intenta dejar de beber no debe seguir yendo al bar por las noches con sus amigos. Las Escrituras nos dicen: «Por tanto, si tu ojo derecho te es ocasión de caer, sácalo, y échalo de ti; pues mejor te es que se pierda uno de tus miembros, y no que todo tu cuerpo sea echado al infierno. Y si tu mano derecha te es ocasión de caer, córtala, y échala de ti; pues mejor te es que se pierda uno de tus miembros, y no que todo tu cuerpo sea echado al infierno» (Mateo 5:29-30). Quizá no necesitemos cortarnos una parte del cuerpo, pero sí hemos de realizar «amputaciones drásticas» en nuestra vida. Lo que nos dice esta parte de las Escrituras es que si hay algo en su vida que le hace pecar, será mejor quitar esto de su vida por completo para no seguir pecando.

¿Qué cosas le ayudan a seguir pecando? Quizá tenga que efectuar cambios menores o mayores en su estilo de vida, pero entregarse quiere decir que está dispuesto a hacer lo que sea necesario para poder enderezar el camino. Al hacer el inventario de su vida preste atención especial a aquellas cosas que pueden estar alimentando su carne y apartándolo de buscar primero a Dios.

Dedique un tiempo ahora para evaluar sus actividades y su estilo de vida y pídale al Espíritu Santo que le revele lo que pueda estar impidiéndole vivir la vida en victoria. Asegúrese de pensar en sus amistades, actividades de ocio, intereses y pasatiempos. Decida si debe efectuar cambios con respecto a la música que escucha, los programas de televisión que mira, las películas que elige ver en el cine, las revistas y libros que lee, el lenguaje que utiliza, la comida que compra, los lugares a los que va, o la gente con quien elige reunirse. Debe analizar y escudriñar en detalle cada parte de su vida para poder quitar aquello que no glorifica a Dios y no le ayuda en su esfuerzo por cambiar.

Para quien no haya tenido la fortuna de tener una familia biológica que cubriera estas necesidades básicas, igual hay esperanzas. Hemos sido adoptados en otra familia, la familia de los creyentes. Esta familia puede ayudarnos a sanar y suplir muchas de nuestras necesidades básicas que hayan quedado insatisfechas en otras relaciones. Sin embargo, cuando no hemos aprendido a amar como Dios nos ama, quizá debamos luchar para aprender cómo participar de una relación saludable.

Describí esta lucha en mi libro anterior, *Addicted to Love* (Adictos al amor):

> La auténtica intimidad debe basarse en el amor auténtico y bíblico, cuyo enfoque ya no es *mi* deseo, *mi* necesidad, *mi* dolor, sino los deseos, necesidades y dolores de otras personas. El gozo del amor genuino no está en recibir sino en dar, no está en ser servido sino en servir. Esto es muy diferente de la codependencia, en la que sirvo a otro para gratificar mis propios motivos. Es servir a otro solo por *su* bien.
>
> Algunas personas han sido tan traumatizadas y abandonadas que además de aprender a dar a otros necesitan aprender a identificar sus propios sentimientos y necesidades, a expresarlos y a *recibir* amor además de darlo. La auténtica intimidad implica un dar mutuo, y en cierto grado, esta debilidad puede compartirse sin preocuparnos por las consecuencias. Uno se vuelve sincero con relación a quién es en realidad, en lugar de tratar de presentar una «imagen» de sinceridad. También aceptamos al otro como es en realidad, no sobre la base de una imagen ideal o para satisfacer nuestra propia necesidad. Es paradójico, porque este interés desinteresado por los demás termina rindiendo grandes recompensas. Podemos sentir el aprecio, la aceptación y el amor *sobre la base de la realidad y no sobre la de una imagen fingida*.[2]

Otro beneficio que pueden darnos los amigos y compañeros saludables es que nos darán apoyo y responsabilidad durante nuestra lucha por controlar nuestros apetitos. Pasar tiempo con familiares y amigos que tienen creencias y valores similares nos ayudará a mantenernos firmes en nuestras decisiones personales. La batalla por controlar nuestros apetitos es más fácil cuando los que nos aman están alrededor de nosotros para controlarnos, alentarnos, darnos valor y mostrarnos que debemos ser responsables.

El mejor amigo del hombre

Aunque por lo general elegiremos primeramente la compañía de otras personas, esta no es nuestra única opción. ¿Por qué no pensar también en nuestros amigos animales? Las investigaciones muestran que tener una mascota a quien cuidar y amar brinda beneficios físicos y emocionales.[3] Hay personas que han sanado más rápido, que son más felices y que se sienten necesarios cuando tienen una mascota. Las mascotas parecen ser especialmente útiles en tiempos de tensión y soledad porque ofrecen compañía a su amo. Las mascotas brindan amor incondicional, apoyo sin prejuicios y un oído que no critica. La presencia de una mascota en el hogar ha demostrado aumentar la autoestima positiva, la felicidad familiar, las interacciones sociales positivas y los sentimientos de seguridad. Así que si está usted en una situación en que necesita un poco de amor y afecto adicional, ¿por qué no piensa en conseguir una mascota? No solo se sentirá necesitado, sino que además recibirá y dará el afecto y el cuidado que todos necesitamos.[4]

Sea parte de un grupo

Una manera terminante de satisfacer nuestra necesidad de afecto y crecimiento es participar en diversos tipos de grupos. Ya sea un grupo de estudio bíblico, de terapia grupal, un club u organización, o lo que fuere, los grupos cumplen con un propósito positivo en nuestras vidas. Formar parte de un grupo nos da un sentido de pertenencia. Y a medida que vamos sintiéndonos más cómodos con la gente del grupo crecerá un sentimiento de intimidad que nos permite compartir áreas de interés y lugares donde podemos encontrar apoyo adicional. Una de las mejores cosas en este tipo de grupos es que fomentan las relaciones del dar y el recibir. Esta semana quizá sea usted el que necesita algo más. Y la próxima semana, tal vez sea usted quien dé algo adicional a otra persona. De ambas maneras, todos los que participan comienzan a sentirse mejor.

Encuentre su propósito

Nuestros apetitos tienden a salirse de control cuando nos concentramos en ellos y en nuestra necesidad de satisfacerlos. Casi podemos volvernos obsesivos con nosotros mismos, con nuestros deseos y necesidades. Cuanto más nos concentremos en nosotros y nuestros apetitos, tanto más probable será que estemos buscando siempre satisfacernos y complacernos a nosotros mismos en lugar de agradar a Dios o a nuestro prójimo.

Así que, ¿cómo evitamos caer en la trampa del egocentrismo? Enfocándonos en otros. Tener un sentido de propósito que realmente nos satisfaga va mucho más allá de creer que nuestro propósito es el satisfacer nuestros propios deseos y necesidades. Claro que tenemos que ser responsables de satisfacer nuestras necesidades y apetitos con moderación, pero no es allí donde encontraremos nuestro propósito. Tener un propósito en la vida significa preguntarnos qué podemos hacer por mejorar la vida de los demás, y hasta quizá solo de la ancianita que vive del otro lado de la calle. Cuando nos concentramos más en los demás que en nosotros mismos comenzamos a sentir satisfacción interior. Llenarnos con cosas saludables nos lleva al punto de poder hacer las paces con nuestros apetitos y evitar que se descontrolen en un esfuerzo por satisfacernos de otra manera.

Al buscar y encontrar nuestro propósito en la vida descubrimos que nuestra autoestima mejora y la vida comienza a tener un significado verdadero. Ya no estaremos meramente sobreviviendo día a día, sino que podremos comenzar a vivir la vida en abundancia que Dios tiene preparada para nosotros.

Cuando los deseos y aspiraciones del
hombre son los que mandan,
este no puede hacer otra cosa más que errar.

—JOHANN WOLFGANG VON GOETHE

5

INTRODUCCIÓN A LAS INFLUENCIAS

¿Cómo puede ser bueno el deseo de sexo cuando hay tantas cosas malas que resultan de éste? Esta es la pregunta que más a menudo me hacen quienes han leído *La batalla de cada hombre*, el libro que escribí con Fred Stoker y Mike Yorkey.

Cuando las personas finalmente ven la destrucción que resulta de su falta de control sexual, muchas se sienten devastadas. Los lectores solteros tienen su propio conjunto de preguntas: «¿Y qué he de hacer con estos deseos sexuales? ¿Cómo pudo Dios dármelos y no proveer medios para que una persona soltera como yo pueda satisfacerlos?»

Viendo las influencias que los dominan y lo que hemos hecho con nuestra sexualidad, no es de extrañar que tanta gente pregunte si hay algo bueno en el deseo de tener sexo. Lo más frecuente es que la pregunta real parece referirse al orden del control: si poseo deseos o si mis deseos me poseen a mí.

Veamos los factores principales que pueden influir en nuestros apetitos y cómo pueden afectar nuestra capacidad de encontrar un equilibrio.

INFLUENCIAS BIOLÓGICAS Y FISIOLÓGICAS

Hay muchos factores biológicos y fisiológicos que contribuyen a que sintamos apetito por algo. El modo en que el cuerpo y el cerebro afectan nuestros apetitos es tan complejo que aun los científicos que lo estudian no tienen una compresión acabada de ello. Sin embargo, sí hay estudios e investigaciones suficientes como para explorar qué es lo que influye en nuestros apetitos y qué es lo que los hace salir de control. Afortunadamente no hace falta ser médico o biólogo para entender qué es lo que hace que un apetito aumente en un área mientras en otra yace latente. En la mayoría de los casos el apetito por la comida sirve como un ejemplo de fácil comprensión para los principios que se aplican a la mayoría de todos los demás apetitos.

La importancia del cerebro como influencia sobre nuestros apetitos no ha de ser subestimada. Es el centro de las comunicaciones entre las células nerviosas y la base que subyace a todo lo que pensamos, sentimos y hacemos. Es tarea del cerebro monitorear constantemente lo que sucede en el cuerpo y buscar un «equilibrio» interno. Lo hace por medio de químicos cerebrales llamados *neurotransmisores*, mensajeros que llevan una señal de un nervio al siguiente, creando una reacción en cadena de diversas partes del cuerpo hacia y desde el cerebro. Es a través de estos neurotransmisores que recogemos información sobre qué está sucediendo en nuestro cuerpo y recibimos la respuesta sobre cómo reaccionar. Por ejemplo, cuando ponemos la mano sobre una estufa caliente, los nervios de la mano le comunican al cerebro, por medio de una reacción en cadena en la que participan los neurotransmisores, que hay peligro y que algo duele. Una vez que el cerebro recibe ese mensaje, se comunica por medio de los neurotransmisores para decirle a los músculos de la mano y el brazo que se contraigan, aliviando el dolor y haciendo que retiremos la mano para no seguir quemándonos.

No se pueden enviar mensajes ni recibirlos sin la participación de los neurotransmisores, porque los nervios en realidad no se tocan entre sí. Los dos neurotransmisores más estudiados son la *serotonina* y la *dopamina*. Cuando estas sustancias son liberadas en el cerebro provocan sentimientos de calma, paz, felicidad y satisfacción, y pueden aumentar nuestra percepción mental y nuestro estado de alerta. La serotonina se ha identificado como la productora del sentimiento de la saciedad, que reduce el apetito por la comida. También se ha establecido que los niveles bajos de serotonina pueden tener que ver con una necesidad disminuida de sueño y relaciones sexuales en una persona.

Dos veces al año dirijo (Steve) un seminario de pérdida de peso que llamamos «Piérdalo por su vida». Vienen personas desde todos los rincones del país para participar durante cinco días de sesiones que les permitirán determinar qué variables en la ecuación de la pérdida de peso tendrán que alterar para lograr un resultado perdurable y a largo plazo con respecto a su peso normal. Una de las variables a tomar en cuenta es la de la depresión crónica. Tengo ideas firmes acerca de la depresión y la medicación adecuada para ella. Creo que una persona que sufre de depresión jamás logrará bajar de peso y mantenerse en línea a menos que tome la medicación adecuada para tratar su depresión. Hay que normalizar los niveles de serotonina en algunas personas para que puedan sentir saciedad y controlar su apetito.

Las sensaciones producidas por la serotonina y la dopamina son tales que casi todos querríamos sentirlas. Como resultado, muchas personas buscan cualquier método para aumentar la presencia de estas sustancias químicas en su cerebro. La búsqueda puede llegar a ser tan intensa que se vuelva una exigencia compulsiva. Las sustancias que parecen aumentar la cantidad de estos químicos, y por ello las cosas que a menudo nos encontraremos deseando consumir, incluyen las siguientes:

- alimentos ricos en carbohidratos
- antidepresivos
- alcohol
- drogas como la cocaína, la heroína y los estimulantes
- chocolate
- rayos solares y la luz

Las actividades asociadas con el aumento de estos neurotransmisores incluyen:

- sensación de ser amados
- ejercicio
- sexo
- actos de benevolencia y amor
- experimentar la belleza y el arte

Las cosas asociadas con la reducción de los niveles de estos neurotransmisores, que en esencia harán que *no sintamos* placer, incluyen:

- Tensión y estrés
- Baja autoestima
- Ajustes hormonales
- Dietas ricas en proteínas
- Poca luz solar durante períodos prolongados
- Ausencia de amor

Cualquiera de estas sustancias o conductas aumentará o disminuirá los niveles de serotonina o dopamina, pero debemos recordar que la *expectativa de los resultados* tiene más que ver con la liberación de estas sustancias que controlan la sensación del placer que con cualquier otra cosa. La sustancia adecuada combinada con la expectativa equivocada no dará como resultado placer ni satisfacción.

Además de los neurotransmisores recién mencionados hay otras sustancias corporales y cerebrales que influyen en nuestros apetitos.

Hormonas

La *insulina* es una hormona estimuladora del apetito y está íntimamente relacionada con los niveles de azúcar en la sangre. Cuando disminuye el nivel de azúcar en la sangre, los niveles de insulina aumentan y hacen que tengamos hambre. Cuando comenzamos a comer, ocurre la reacción opuesta. Cuando aumenta el nivel de azúcar en la sangre la producción de insulina disminuye y ya no deseamos comer. Los estudios muestran que las personas obesas suelen tener niveles crónicos elevados de insulina en su cuerpo, por lo que sienten una persistente sensación de hambre.

Los que tienen gran apetito por la comida a menudo culpan al consumo de los carbohidratos refinados. Sus niveles de azúcar en sangre suben y bajan, a veces bruscamente, lo cual puede hacer que los niveles de insulina también suban y bajen, aumentando su apetito por la comida. Estos antojos suelen satisfacerse con más carbohidratos refinados y el ciclo se repite a lo largo del día. Hasta que no se estabilicen los niveles de azúcar en la sangre y de insulina, el apetito estará fuera de control. Sin embargo, al consumir carbohidratos complejos y proteínas el nivel de azúcar en la sangre será más estable y disminuirán los antojos de comida. El mismo ciclo puede aplicarse al antojo de alcohol, drogas, y hasta de sexo.

La *leptina* es otra hormona que influye sobre nuestro apetito. Se ha demostrado que disminuye el valor de satisfacción de los alimentos y aumenta el valor de satisfacción de las actividades incompatibles con el acto de comer. Esta nueva investigación revela un gran potencial en la lucha contra la obesidad.

Permítame mencionar algo más con respecto a las hormonas y nuestro apetito por la comida: las hormonas reproductivas que se producen durante ciertas fases del ciclo menstrual han demostrado aumentar el impulso biológico por la comida en las mujeres y también su libido. Esta investigación explica por qué tantas mujeres se quejan de sentir más hambre algunos días antes de su menstruación, y un incremento en su deseo de tener relaciones sexuales durante la misma.[1]

Endorfinas

Las *endorfinas* son potentes opiáceos naturales responsables de producir sensaciones de intenso placer y de reducir y aliviar el dolor. Los alimentos con alto contenido en grasas y azúcar, además del alcohol, demuestran aumentar la producción de endorfinas. Las endorfinas también se liberan en respuesta a comidas deliciosas, y causan una respuesta del cerebro similar a la producida por la morfina. Como los neurotransmisores de los que hablamos antes, todo lo que haga que liberemos estos opiáceos naturales será objeto de nuestro apetito y deseo.

La «euforia del corredor» es resultado de la liberación de endorfinas en el cerebro. Este acto de autodisciplina se recompensa con una sensación de bienestar por medio de la liberación de endorfinas. Es por eso que tanta gente parece volverse adicta al ejercicio, que es en verdad una experiencia que cambia el ánimo y que merece el sacrificio y el dolor. Aun sin llegar a ser adictos al ejercicio, hay personas que dependen de este productor de euforia natural. Si pasan varios días sin correr, por ejemplo, se vuelven irritables, inquietos, y sus emociones parecen exacerbadas.

Esta dependencia no es necesariamente una conducta negativa reiterada. Puede ser que las endorfinas hagan que estas personas quieran volver a hacer ejercicio, y que en última instancia sea esto lo que las mantiene en línea. Probablemente habría muchos más amantes del sofá y el televisor, negándose a mover sus cuerpos, si no fuera por los cambios emocionales y anímicos que producen las endorfinas.

Influencias y presiones culturales

En una sociedad en la que los medios de comunicación son tan activos y están tan involucrados en nuestras vidas cotidianas, debemos pensar en los efectos de las influencias y presiones culturales sobre nuestras decisiones y apetitos. Muchos de los mal llamados apetitos naturales que sentimos son creados, moldeados, torcidos y distorsionados por la constante infiltración de los medios.

LA TAREA PRINCIPAL DEL CEREBRO

La función principal del cerebro con respecto al apetito y el placer consiste en mantener un estado de equilibrio interno. Si uno sufre demasiada tensión, el cerebro detectará bajos niveles de ciertas sustancias químicas e inmediatamente comenzará a efectuar los ajustes necesarios para recuperar el equilibrio. Su cerebro le hará sentir que quiere efectuar la actividad que en el pasado demostrara liberar más cantidad de los neurotransmisores que crearán una sensación de paz y calma. Aunque lo intente, no puede ignorar a su cerebro, y este seguirá impulsándole a buscar sustancias o actividades que le causen placer hasta que sienta que ha sido satisfecho.

Nuestro cerebro aprende lo que debemos hacer para causarle placer o recuperar el equilibrio, y registra esa información. No todos «aprenden» las mismas cosas, por ello, respondemos de manera diferente al llamado del cerebro por encontrar placer. Nuestro cerebro recuerda lo que produjo los cambios necesarios en el pasado y nos llevará una y otra vez a la misma actividad para repetir la sensación. Mientras una persona puede haber aprendido a comer «comida consuelo» (probablemente rica en carbohidratos) cuando siente angustia, otra quizá haya logrado esta sensación de consuelo bebiendo alcohol o consumiendo drogas. Lo que asociemos con la sensación de placer será candidato para volver a ser utilizado en el futuro cada vez que el cerebro busque el equilibrio. *El apetito se ve influenciado por la impronta de los métodos utilizados en el pasado para lograr el equilibrio y la satisfacción.* Hay una conexión entre las circunstancias y el uso de ciertas sustancias y conductas utilizadas para aliviar la angustia o el dolor asociado con dichas circunstancias.

El proceso de aprendizaje acerca de las fuentes de satisfacción debería darnos esperanzas. Si el cerebro ha aprendido qué es lo que debe buscar para encontrar equilibrio y satisfacción, también podrá «reaprender» formas nuevas y más saludables de qué hacer o qué comer para lograr la sensación de bienestar. Hay esperanza entonces. ¡Podemos vencer nuestros malos hábitos!

Ciertas cosas en las que jamás habríamos pensado al final comenzarán a parecernos «necesarias» para poder sobrevivir o ser aceptados por los demás. Sin pensarlo dos veces, cada uno de nosotros podría mencionar al menos una cosa (o muchas) que hayamos comprado o seriamente pensado en probar, la cual no habríamos siquiera imaginado tomar en cuenta si no fuera por las campañas publicitarias o los medios que nos presentaron y anunciaron las bondades del producto.

La persona que tiene un impulso sexual difícil de controlar se sentirá más frustrada después de ver imágenes sensuales en televisión. Y la que tiene problemas con su apetito descubrirá que necesita comprar más comida, o diversos tipos de comida, si no aplica su mejor criterio sobre qué tipo de programas o anuncios mirará. Todo quien tenga inclinación hacia el materialismo seguramente querrá más y más cuando los anunciantes les convenzan de los nuevos productos que se presentan casi como indispensables para la vida.

Los avisos más exitosos son los que promocionan bebidas alcohólicas. Cualquiera que tenga un problema en esta área se sentirá tentado a consumir más cuando vea estos avisos. Stephen Apthorp, autor de *Alcohol and Substance Abuse: A Clergy Handbook* (Alcohol y abuso de sustancias: Un manual para el clero), escribe con relación a los anunciantes y el uso de sustancias químicas:

Los anunciantes, que se concentran en nuestras deficiencias, inseguridades, vulnerabilidades y ansiedades, nos han hecho creer que somos deficientes como seres humanos.

De forma ostensible, a menos que comamos, bebamos, fumemos, mastiquemos, olamos o utilicemos sus productos, seremos inaceptables o incompletos. El hecho de que todos somos hechos a imagen de Dios y aceptables ante Él no tiene importancia; nos han lavado el cerebro con esta patológica religión que dice que no valemos nada como personas, que nuestras vidas no tiene sentido ni propósito, que no podremos disfrutar o encontrar gozo, que no hay salvación… a menos que utilicemos las sustancias químicas que nos venden.[2]

La capacidad de los medios para influir en nuestros apetitos no se limita a la creación y distorsión de las «necesidades» percibidas en la publicidad. Hay otra área en la que vemos un gran impacto de los medios, y es aun más peligrosa: la *sobresaturación*. La primera vez que usted oye un insulto, ve una escena sexual, o un beso entre dos personas del mismo sexo en televisión, quizá reaccione desdeñando tal cosa. Sin embargo, cuanto más se exponga a cosas que considera incorrectas, tanto menor será su reacción negativa. Si estas situaciones se presentan de manera aceptable, favorable, quizá comience a aceptarlas como norma y posiblemente hasta decida hacer usted lo mismo. Nuestra reacción inicial de repulsión ante algo puede cambiar con la sobresaturación, haciéndonos más tolerantes y —lo que es peor— finalmente, causando que aprobemos lo que antes rechazábamos.

El fenómeno del cambio que ejerce la sobresaturación en la percepción del público en cuanto a lo que se considera normal, aceptable y propio puede verse fácilmente en la diferencia que hay entre las películas, revistas y programas de televisión en nuestros días con relación a los de unas décadas atrás. La saturación y exposición excesiva a los muchos vicios del mundo a través de los medios ha hecho que nuestra opinión acerca de lo que está bien y lo que está mal se haya desdibujado, al punto que hoy dichas opiniones casi ya no se oyen. A medida que cambia la opinión sobre lo que está bien y lo que está mal nos encontramos sintiendo apetitos por cosas que hace unos años nos habrían hecho salir corriendo espantados.

El peligro es que nos hemos expuesto a conductas que no son santas y no honran a Dios. Dependiendo de nuestras experiencias pasadas, de nuestra constitución química y nuestra relación con Dios, nos arriesgamos a sucumbir a la tentación. Aumentamos las posibilidades de que esta nueva conducta de pecado altere nuestro ánimo de tal manera que queramos repetirla para volver a sentir la sensación de placer una y otra vez. *Así comienza la adicción: un acto o pensamiento aparentemente inocente que se repite con la suficiente frecuencia como para al final convertirse en compulsión*. La atracción de la imagen de una mujer desnuda en un acto de sumisión es tan fuerte que muy pronto nos preguntamos qué más podremos encontrar. El premio mayor en el casino altera nuestro ánimo y hasta la forma en que nos percibimos. Hasta que se vuelven a lanzar los dados, podemos sentirnos como reyes, ganadores invencibles, imparables. Los sentimientos son tan pronunciados que sentimos la urgencia, sin razón, de volver a jugar. Cuando perdemos, necesitamos ganar con mayor urgencia. Estos incidentes de esclavitud suelen comenzar con una curiosidad que nos planta en la mente el mensaje de los medios que promete satisfacer todos nuestros deseos. Siempre recuerde que los publicistas de nuestra sociedad son proveedores de placer y que conocen nuestros apetitos mejor que nosotros. Gastan miles de millones de dólares para descubrir qué es lo que nos tienta y luego nos tienden trampas de la manera más atractiva que se pueda concebir.

Piense en el caso de Dale. Nunca había apostado porque le habían criado enseñándole que estaba mal, que era un desperdicio de dinero. Vivía cerca de Laughlin, un pueblo de apuestas en la frontera entre California y Nevada. Cuanto más ganaban los dueños de los casinos, tanta más publicidad hacían. Los avisos inspiraban sentimientos tan fuertes que la gente podía llegar a sentir que no era patriota si no apoyaba la industria del juego en su área. Con el tiempo, el cerebro de Dale se sobresaturó con las mentiras y promesas que prometían los avisos. El mensaje era claro: no importaba cuál fuera su problema, la respuesta estaría en la mesa de juego. Así que Dale se interesó por el juego. No era una persona impulsiva, así que leyó sobre el tema y aprendió a jugar Black Jack antes de ir. Cada vez que tomaba el libro que estaba estudiando, el tema surtía efecto en él. Se sentía transportado a otro mundo… sus piernas se aflojaban y sentía un cosquilleo en la piel. Antes de jugar siquiera una vez, ya había caído en la trampa de las apuestas. El efecto se veía aumentado porque durante mucho tiempo había sido algo prohibido para él. Su apetito crecía, aun antes de haber ido a jugar al casino. Cuando finalmente fue a jugar, sabía mucho más que cualquiera de los otros que habían estado asistiendo durante mucho tiempo. En su mente el Black Jack era más una ciencia que un acto de jugar por dinero. Desdichadamente, Dale ganó en su primera noche, lo cual es común entre los que se vuelven adictos a las apuestas. Se sentía eufórico. Antes, con solo leer se sentía entusiasmado, seguramente como resultado de una leve alteración en su química cerebral. Pero con la excitación del juego combinada de forma paradójica con la ansiedad ante la posibilidad de perder, Dale voló hacia lo más alto, a un nuevo mundo en el que la química de su cerebro se alteraba cada vez más. Los centros del placer de su cerebro estaban cargados a más no poder. Con su victoria y la euforia que sentía esta experiencia era mucho más de lo que jamás había imaginado. Durante ese año, Dale volvió una y otra vez. A veces ganaba, pero a la larga, como lo sabe todo dueño de casino, su «sistema» no podía vencer a las posibilidades que siempre están a favor de la casa (¡y todavía se pregunta usted cómo es que pueden construir centros de juegos tan lujosos!) Al final, Dale lo perdió todo y terminó endeudándose por treinta mil dólares con su tarjeta de crédito.

Para alguien que ganaba cincuenta mil dólares al año era una deuda demasiado grande. Ya no tenía fondos en su cuenta de retiro, ni ninguna otra opción. Dale tocó fondo y afortunadamente eligió buscar ayuda para curar este apetito insaciable de riesgo, recompensa y sensación de ser invencible.

Presión de grupo

La *presión de grupo* es otro de los factores que influyen en nuestros apetitos. Somos seres racionales por naturaleza, y como tales tenemos una necesidad innata de sentirnos aceptados y de pertenecer. Nuestra fuerte necesidad de «encajar» nos puede llevar a ceder ante la poderosa presión de nuestros amigos. La creencia de que «todo el mundo lo hace» tiene un tremendo impacto en la persona que no está participando en tal actividad, y puede convencerlo de que es realmente lo que necesita y desea.

Piense en la joven estudiante de primer año que nunca sintió deseos de beber alcohol. En la escuela secundaria estaba rodeada de amigos cristianos que decidían no beber. Era aceptada con sinceridad en el grupo de amigos. Pero cuando termina la secundaria e ingresa en la universidad, busca un nuevo grupo de amigos que la acepte. Le cuesta encontrar amigos como los que tenía en la escuela, y en cambio se reúne con un grupo de personas que dicen ir a la iglesia. A medida que pasa el tiempo se da cuenta de que estos nuevos amigos no tienen el mismo conjunto de valores que tiene ella, pero, razona, al menos es aceptada por ellos. Además, sabe bien quién es y qué es lo que cree, y esto debiera bastarle para mantenerla firme en sus convicciones. ¡Quizá hasta pueda dar testimonio ante ellos cuando los conozca mejor!

El resultado es bastante predecible. Cuanto más tiempo pasa con estos amigos, cuanto más oye su modo de hablar y más se reúne con ellos en fiestas, tanto más cerca estará de participar en sus actividades. La primera vez que se niega a beber cerveza se burlan de ella, por lo que será la última vez que querrá estar con ellos. Con el tiempo se convence no solo de que «la cerveza está bien», sino que además realmente la desea. La presión de grupo ha creado en esta joven un apetito por al alcohol. Y lo mismo puede suceder con cualquier apetito para quien necesite «ser aceptado». La presión de grupo no crea adicción o dependencia, pero sí abre la puerta y nos empuja hacia allí, aunque no deseemos realmente ir en esa dirección.

SEÑALES DE LA SOCIEDAD

Para los seres humanos las *señales de la sociedad* son al menos tan poderosas sobre nuestros apetitos como lo son las señales biológicas que recibimos de nuestros cuerpos. En realidad, casi nunca esperamos las señales que nuestro cuerpo nos envía sobre la necesidad de «cargar combustible» antes de volver a llenar el tanque. Comemos porque es hora de comer, o porque alguien trajo una torta a la oficina, o porque estamos aburridos. Tenemos antojos de ciertas comidas no a causa de señales biológicas, sino porque es una fecha especial o una fiesta. La respuesta ante el apetito por la comida o ante otros apetitos en general se debe más al hábito que a otra cosa.

El relleno del pavo, por ejemplo, es algo que a mí (Steve) me causa esta sensación. No tengo ganas de comerlo justamente ahora mientras escribo esta historia en un día soleado del mes de febrero. Pero hace dos meses no podía dejar de comerlo. Comí pavo relleno el Día de Acción de Gracias, y estaba impaciente porque llegara la Navidad para comerlo otra vez. Y cuando mi madre lo preparó como solo ella sabe hacerlo, comí dos platos… y luego un tercero. Durante el resto de la tarde y noche fui al menos diez veces a la cocina por más. Una cucharada de relleno quizá contenga tres gramos de grasa, pero no me importaba. No podía dejar de comerlo. Todos los años me sucede lo mismo durante el Día de Acción de Gracias y la Navidad.

Hay señales sociales que vienen con un relleno que las hace irresistibles. Cuando era niño, el Día de Acción de Gracias y la Navidad eran motivo de reunión familiar. Los cuatro hermanos de mi padre venían a casa y todos comíamos alrededor de la mesa, conversando, riendo y compartiendo momentos inolvidables. Me gustaba mucho todo eso. Sentía que formaba parte de algo más grande que yo. Y esos momentos están relacionados con el aroma y el sabor del relleno. Casi puedo oler los condimentos mientras escribo en este momento. Esta señal social es la que me hace ir a la cocina tantas veces el Día de Acción de Gracias. Los recuerdos, sensaciones y placer asociados con el relleno aumentan mi apetito hasta que ya no puedo controlarme. Pero cuando vuelvo a casa después de las fiestas, ya no siento deseos de comerlo.

Quizá a usted le suceda algo parecido en su trabajo secular o de la iglesia. Tal vez asista a una reunión y no sienta apetito. A lo mejor ya haya comido antes de ir, pero antes de que pueda darse cuenta tiene en las manos un plato de comida que hace minutos ni siquiera había pensado en servirse. Estos son los momentos en que nuestro apetito se ve influenciado por las señales sociales, no por la necesidad física.

INFLUENCIA AMBIENTAL

Uno de los factores ambientales que pueden influir en nuestros apetitos es la *temperatura*. Cuando la temperatura exterior es baja, solemos comer más. Cuando hace calor, solemos comer mucho menos.[3] Recuerdo mi primer empleo en los campos de algodón de la Universidad A&M de Texas, donde ayudaba a unos graduados con la tarea de producir semillas de algodón no tóxicas.

Todo el verano sufrí a causa del calor y la humedad, inclinado sobre las plantas, cerrando sus pimpollos para que ninguna abeja, mariposa o pájaro pudiera polinizar las plantas no tóxicas con polen de las tóxicas. Perdí mucho peso en esos meses porque sentía poco apetito a causa del calor. Me sentía dentro de un horno. A mediodía no sentía deseos de comer. Lo único que quería era agua o Gatorade.

También hay una razón biológica para esto. En el verano hay mucho para comer a causa de la cosecha. Si hay una «temporada de abundancia» es el verano. Entonces, comer no es un acto de supervivencia, sino algo que uno disfruta junto a familiares y amigos. Cuando baja la temperatura, la cadena genética pareciera disparar la alarma de la memoria biológica de cuando la comida escaseaba en la temporada invernal. El cuerpo oye la señal y piensa: *Esta podría ser mi última comida en mucho tiempo*.

Comemos más de lo que necesitamos por temor a necesitarlo luego y no tener los recursos alimentarios para satisfacer nuestra necesidad. Si nunca se ha detenido a pensar en las variaciones de su apetito según la estación del año, hágalo ahora. Muchas personas descubren que si prestan atención a las variaciones según la estación pueden controlar mejor su apetito por la comida.

Abuso o abandono infantil

Cuando vemos un apetito que ha llegado al punto de convertirse en una adicción, a menudo podemos rastrear la causa a un *trauma de la infancia* o a una *sensación de rechazo*. Durante los años de nuestra formación un deseo que se desarrolla de forma saludable puede luego convertirse en algo negativo. Los deseos y necesidades de los niños comienzan siendo adecuados e inocentes. Pero cuando un niño sufre abuso, abandono o alguna otra disfunción familiar grave, sus apetitos pueden desviarse y volverse dañinos para él o para los demás.

Cuando se sufre una privación extensa de las necesidades básicas o una ausencia intensa de la atención que un niño requiere, aparece una sensación de vacío que cala más profundo de lo que podemos imaginar. El rechazo en la niñez puede hacer que una persona luego sienta una insaciable sed de aprobación.[4] Este vacío que busca cómo llenarse, puede llevar al niño abusado a encontrar satisfacción en una variedad de recursos no saludables.

RESTRINGIR LA COMIDA,
¿ES BUENA IDEA?

Los trabajos de investigación demuestran que las personas tienden a comer de más si se les restringe la comida en una dieta para bajar de peso.[5]

Si se le niega a una persona el objeto de su deseo durante un período de tiempo prolongado, ya sea porque no pueda disponer de él o por elección propia, este deseo crecerá y muy posiblemente resulte en que la persona consumirá cantidades excesivas del elemento tabú cuando vuelva a estar disponible o a su alcance.

Yo (Debbie) puedo dar fe de ello. He seguido dietas bajas en carbohidratos en más de una ocasión, y para una «adicta a los carbohidratos» como yo no es fácil. Por lo general puedo hacerlo durante unas dos semanas, pero luego debo dejar la dieta. Como se me niegan las cosas que más me gustan, con el tiempo la abandono. Corro a la despensa buscando las galletas, la torta o los dulces que he estado escondiendo de mi vista. Y aunque continuara con esas dietas durante el tiempo establecido, quizá recuperaría todo el peso perdido y aun más cuando se cumpliera el plazo.

En los cursos «Piérdalo por su vida» que conduzco (Steve), muchos participantes ni siquiera conocen esta información sobre cómo las dietas restrictivas aumentan los antojos. Antes de asistir a los cursos se han privado una y otra vez solo para volver a subir de peso y sentirse peor, y a menudo con más grasa y menos músculo. Estas personas que se pasan la vida haciendo dietas y abandonándolas consumen solo líquidos durante un par de semanas. Durante ese tiempo pierden músculo además de grasa. Se sienten bien cada día de privación, como si estuvieran cumpliendo una penitencia por su indulgencia de otras veces. Pero tarde o temprano aparece la tentación de una comilona y ceden. Hay algo en la privación de uno mismo que llama a nuestra propia recompensa. La persona que sufre de sobrepeso y que se porta como un «buen niño» haciendo su ayuno solo podrá portarse bien durante algunas semanas antes de volver a «portarse mal», como describen ellos mismos. Come de forma destructiva como recompensa por haber estado controlándose durante un tiempo.

Debido a esta reacción de rebote que muchas personas sufren como resultado de su privación, una de las mejores estrategias es la moderación. Por ejemplo, cuando se sigue una dieta que es altamente restrictiva con respecto a la ingesta o al contenido de calorías o carbohidratos, uno sentirá deseos de comer justamente eso, y el deseo aumentará cada día. Será mejor que se permita comer lo que desea con moderación, cada tanto, en vez de ignorar el antojo y al final terminar otra vez en el interminable ciclo del «rebote» cuando su antojo ya no pueda mantenerse a raya.

Algunos estudios calculan que un ochenta por ciento de los adictos al sexo pueden haber sufrido abuso en su infancia. A menudo la víctima se convierte luego en victimario y pone en práctica las conductas que aprendió de uno de sus padres o de otro adulto que tuviera importancia en su vida. La susceptibilidad a otras adicciones, como el abuso del alcohol y las drogas, o las apuestas, se ve ligada al menos en parte a necesidades insatisfechas en la infancia. Un caso que representa esto es el de una joven llamada Michelle, quien logró sobrevivir a una infancia difícil y hoy está logrando controlar su problema de adicción.

Michelle se sintió poco atendida por su padre y rechazada por su madre. Cuando comenzó a asistir a las reuniones de consejería tenía solo veintiún años, y a pesar de su juventud había llegado a la conclusión de que no lograría ser feliz sin un hombre en su vida. Odiaba estar sola y se sentía sin importancia ni valor cuando no tenía novio o al menos alguien con quien pasar el fin de semana.

Michelle creció en un hogar militar, y durante su infancia tuvo que mudarse varias veces. Apenas lograba establecerse en un lugar y hacer amigos, su padre anunciaba que lo transferirían a un nuevo lugar. Solía estar ausente durante largos períodos y cuando estaba en la casa casi no tenía tiempo para la familia. Michelle anhelaba estar con su padre y recibir su atención, pero su deseo estaba insatisfecho.

Para cuando llegó a la escuela secundaria, Michelle y su madre parecían estar peleando todo el tiempo. Cuando la madre se enojaba le gritaba: «No eres el tipo de hija que yo quería. ¡Me decepcionas!» El aguijón de esas palabras llevaba a Michelle a ser aun más rebelde para «darle la razón» a su madre. Comenzó a salir con los «chicos malos» porque sabía que a su madre no le gustaría. Y aunque no compartía lo que ellos hacían y no le gustaba cómo la trataban, una parte de ella creía que no merecía nada más que eso. Otra parte de Michelle estaba convencida de que lograría cambiarlos. Además, le gustaba que le prestaran atención y sus amigos la hacían sentir mejor, al menos a ratos.

Esta joven había tenido más novios de los que podía contar cuando por fin buscó ayuda. Había establecido un patrón de conducta que se repetía siempre. Comenzaba a salir con un muchacho nuevo y casi inmediatamente sentía que estaba enamorada. Su mente solo pensaba en él. Por dentro se sentía insegura con respecto a la relación y a su capacidad de mantenerlo interesado en ella, por lo que se volvía cargosa en su intento por retenerlo. La relación comenzaba a flaquear a causa de su actitud posesiva, y entonces comenzaba a tener sexo con el joven para mantenerlo junto a ella. Esto funcionaba durante un tiempo. Sin embargo, con el tiempo el novio la dejaba y Michelle sentía que nadie podría amarla y que no valía nada. Como resultado, se aferraba aun más al siguiente novio esperando evitar el dolor del rechazo.

En las sesiones de consejería Michelle dijo que sentía un vacío interno que intentaba llenar con los hombres. Había llegado a la conclusión de que ninguno podría jamás llenar este hueco, y ella buscaba siempre a alguien que lo hiciera. Junto a esta conclusión llegó también a darse cuenta de que estaba respondiendo al abandono y el rechazo de sus padres. Con el tiempo, logró ver que mientras siguiera actuando con dicha motivación no podría tener éxito con ningún novio. Ella sigue aún avanzando en su difícil camino, pero ya no desde la perspectiva del abandono y el rechazo. Se ha vuelto a Dios para que Él llene su vacío. Hoy vive su vida con un sentido de capacidad y control.

Influencias paternas y aprendizaje

Nuestros antojos y deseos a menudo provienen de haber observado a nuestros padres y a quienes nos rodean. Además, nuestras experiencias personales también influyen. A medida que crecemos aprendemos continuamente de las personas que hay alrededor de nosotros. Nuestros padres, hermanos, maestros y quienes nos cuidan afectan nuestros patrones y conductas aprendidas. Cuando vemos a un padre angustiado recurrir al refrigerador, a la televisión, al gimnasio o a los cigarrillos para encontrar alivio, pensamos que estas son maneras efectivas de sentirnos mejor cuando sufrimos angustia o tensión. También veremos adultos que utilizan la comida, el alcohol o las relaciones como medio de recompensa por algún logro o actividad.

De una u otra manera aprendemos de diversos ejemplos que estas conductas nos pueden traer sentimientos instantáneos de placer y alivios, sirviendo de «remiendo» para cualquier situación. Registramos en la mente estas «soluciones» y es muy posible que experimentemos con ellas y respondamos de manera similar cuando sentimos que aumenta nuestro nivel de tensión. Tendremos nuestro propio repertorio de soluciones basándonos en aquellas conductas que nos producen un sentimiento de placer y alivio del dolor emocional o físico.

Influencias psicológicas

Nuestro estado emocional puede jugar un papel importante en los apetitos que sintamos y en el modo en que decidimos responder ante estos. Se sabe que la depresión, la tensión y la ansiedad afectan la respuesta química del cerebro que regula nuestro estado de ánimo. Como fue el caso con los neurotransmisores mencionados antes, estas sustancias químicas pueden tener gran impacto en nuestros apetitos.

La depresión, por ejemplo, tiene un criterio de diagnóstico que está directamente relacionado con las necesidades y deseos. Según el *Diagnostic & Statistical Manual of Mental Disorders: Fourth Edition* (Manual de estadísticas y diagnósticos para desórdenes mentales: 4ta edición) (DSM-IV), un recurso utilizado por los psicólogos y consejeros para efectuar un diagnóstico, hay diversos síntomas que pueden indicar que la persona sufre de depresión:

- cambios en el apetito (con relación a la comida)
- falta de motivación
- falta de sensación de placer en todas o la mayoría de las actividades
- sentimientos de poca valía
- disminución de la libido[6]

La presencia de estos síntomas no indica de manera automática que la persona sufra de depresión, pero es obvio que cuando una persona está deprimida sus apetitos naturales cambian.

Aun más común que la presencia de la depresión y la ansiedad es la existencia del estrés. Habrá que buscar mucho en la sociedad de hoy para encontrar a alguien que no esté sufriendo algún nivel de estrés en su vida cotidiana. Pareciera que nuestra sociedad se regodeara en esto y que nos empujara a hacer cada vez más cosas. Por desgracia, cuando nuestros cuerpos sienten estrés o tensión, nuestro cerebro será el encargado de recuperar el equilibrio. Así que cuanto más crónico sea nuestro nivel de tensión, tendremos que buscar más y más para encontrar algo que nos dé placer y nos devuelva el equilibrio.

FALSAS CREENCIAS LIGADAS A LA IDENTIDAD Y EL VALOR PROPIO

Las personas que luchan contra su baja autoestima y valor propio son prisioneras de un conjunto de *creencias falsas e irracionales* con respecto a quiénes son en verdad. No importa lo que haya producido esta visión distorsionada de sí mismos (experiencias de la infancia, rechazo, pérdidas, etc.), estas falsas creencias pueden hacer que las personas se encierren en un interminable círculo vicioso de pensamientos negativos que al final se convertirán en profecías a las que ellos mismos darán cumplimiento.

La persona que siente que no vale nada, que nadie la quiere, que es incompleta, inútil, fea, sucia o poco importante, se sentirá impulsada a obedecer a apetitos que están cada vez más lejos de su control, y terminarán confirmando (al menos en su mente) que lo que sienten es verdad.

Una joven buscó ayuda porque había sido abusada sexualmente muchas veces en su infancia por un vecino amigo de su familia. Se sentía sucia y usada, y él reforzaba estos sentimientos al decirle que era tan fea que ningún hombre la querría por esposa. Le decía que lo único para lo cual serviría era para lo que él le estaba «enseñando» a hacer y que necesitaría «mucha práctica». Este abuso continuó durante años. En su adolescencia, la joven nunca se animaba a mirar a nadie a los ojos («No soy digna de hacerlo»), jamás se arreglaba usando maquillaje o ropa linda («¿Para qué?») y nadie la invitaba a salir («Claro que los chicos sabían dónde buscar buen sexo»).

A los veinte años trabajaba tiempo completo como prostituta en un local de masajes de su ciudad, y entonces decidió pedir ayuda. Esta joven en verdad alardeaba de ser la «masajista» más requerida y mejor pagada en su localidad. Le gustaba ganar dinero y creía que este era un trabajo como cualquier otro. Estaba entregada a su conjunto de creencias, y sus apetitos acompañaban sus convicciones. Consumía cocaína «solo por diversión», aunque más tarde comprendió que en verdad la utilizaba para convencerse de que era feliz.

Cuando aceptamos un conjunto de falsas creencias, estas se convierten en la fuerza de impulso de nuestras decisiones, apetitos y estilo de vida. Antes de poder cambiar nuestros apetitos debemos enfrentar la realidad de las creencias a las que nos aferramos y comprender quiénes somos en Cristo. Esta joven desesperada al final entendió que había buscado ayuda, porque en lo profundo de su ser no se hallaba satisfecha. Buscaba lo que le faltaba y con el tiempo estuvo dispuesta a enfrentar su pasado y las falsas creencias que le habían inculcado sus vivencias. Lamentando lo que había perdido y la persona en que se había convertido, logró adquirir fuerzas y comenzó a cambiar sus apetitos.

ADICCIÓN CLÍNICA

Todos somos adictos a algo en mayor o menor medida. Muchas veces sentimos afecto por las cosas de este mundo, no por el Creador. Pecamos a través de nuestra decisión de amar y servir a otras cosas en lugar de a Dios.

Sin embargo, la adicción, según la definición aceptada de la psiquiatría clínica, tiene características que debemos conocer. Una conducta es potencialmente adictiva si:

1. Cada vez requiere más de nuestro tiempo y nos impide cumplir con nuestras obligaciones.

2. Continúa aun cuando implica peligro físico.
3. Nos causa problemas sociales o legales reiteradas veces.
4. Ha llegado a reemplazar a otras actividades importantes.
5. Nos hace sentir física o emocionalmente mal cuando no la ponemos en práctica.
6. Se necesita cada vez más de algo para producir el mismo efecto y es imposible detenerse.

Después de leer esta lista, quizá usted sienta que sufre de adicción clínica. Es difícil evaluar la situación de uno mismo con objetividad. Las adicciones pueden ser subconscientes y a menudo secretas debido al temor, a la culpa o la vergüenza. Pueden surgir súbita o gradualmente. Y hasta pueden tener beneficios positivos a corto plazo, lo cual enmascara su peligro potencial. También hay diferentes tipos de adicción. Si no está seguro acerca de su condición, busque ayuda profesional.

Habiendo ya mencionado esto, debemos observar el rol que juega el cerebro en la adicción. La ingesta de alcohol y de diversas drogas aumenta el nivel de serotonina y dopamina en el cerebro, causando placer. Otras adicciones como el sexo, el juego, la comida o las compras, están ligadas a estas mismas reacciones químicas en el cerebro.[7] Es este sentimiento de placer lo que sirve como «recompensa» y lo que busca la persona adicta. El problema surge cuando el mecanismo natural de recompensa del cerebro se ve interrumpido y la persona no recibe la sensación de placer que la actividad debiera repararle según sus expectativas. Sin esa sensación de placer, el impulso crece. Y la persona busca desafíos aun mayores como modo de lograr la recompensa que su desesperación exige.

Muchas personas que abusan del alcohol y las drogas, o que son adictas al sexo, al juego o la comida, quizá intenten automedicarse con estas actividades que inducen a los neurotransmisores a causar una sensación de placer. Pero aunque la sensación de la conducta adictiva les provee placer, este dura poco y hay que volver una y otra vez. Por medio de este proceso la gente que utiliza sustancias o actividades como forma de medicarse llega a ser adicta de aquello que creían que les proveía satisfacción y ayuda. El cerebro con el tiempo se ajustará a este exceso de químicos y elevará las exigencias de lo que sea que haga falta para conseguir la misma sensación placentera.

Es aquí donde el proceso de tolerancia y uso incrementado comienza a entrar en juego. El adicto pronto se encuentra en un interminable ciclo, con un apetito aumentado por aquello que le da un placer temporal.[8]

PATRONES DE RELACIÓN

Las relaciones interpersonales son una de las muchas formas en que intentamos satisfacer nuestras necesidades emocionales y psicológicas. Somos seres gregarios, así que siempre sentiremos la necesidad de ser amados y aceptados. Nuestro deseo de estar acompañados proviene de Dios y va hasta lo más profundo de nuestro ser. Estudios de investigación recientes realizados por la Universidad de California, en Los Ángeles, sugieren que «la necesidad de la inclusión social es parte esencial y profunda de lo que significa ser humano».

El estudio evaluó específicamente los efectos de estar excluido de un grupo y el modo en que el cerebro registra esta experiencia. Los resultados revelaron que «hay algo en la exclusión que se percibe como perjudicial para nuestra supervivencia y que puede dañarnos físicamente, y nuestro cuerpo lo sabe de forma automática... El impacto y la angustia provocada por este rechazo se registran en la misma parte del cerebro, llamada cortex cingulado anterior, que también responde ante el dolor físico».[9]

Ese poderoso impulso de evitar la soledad en nuestras vidas puede provocar que busquemos establecer relaciones y permanecer en ellas a toda costa para evitar los sentimientos de dolor del rechazo. Esto puede tener como resultado que una persona elija persistir en relaciones no saludables y destructivas. Cuando las relaciones se rompen, nuestro apetito por compañía se intensifica y nos conduce a encontrar otra relación con la esperanza de que nos satisfaga y nos haga sentir plenos.

PLACER PASADO Y FETICHES PRESENTES

Cuando inicié New Life Ministries en 1988 (Steve), comenzamos con un centro de tratamiento en Anaheim, California. Uno de los temas a tratar era la adicción sexual. Venían hombres desesperanzados de todos los rincones del país, buscando ayuda con respecto a sus hábitos y perversiones sexuales. Con el estigma asociado a estos problemas, la mayoría venía a New Life como último recurso, y muchos habían intentado con otros programas en el pasado.

La mayoría de ellos eran adictos a la pornografía. Recuerde que esto sucedía antes de que la pornografía proliferara en Internet. Muchos tenían una aventura, o habían tenido una o muchas en el pasado. La mayoría pensaba que su problema consistía en que eran «supermachos» con un impulso sexual mayor que el de otros hombres, y que les obligaba a obedecer a sus apetitos sexuales.

Y algunos tenían fetiches muy interesantes. Un hombre se había sentido abandonado por su madre, así que cuando ella salía, él iba a buscar las medias de su madre y las frotaba contra su rostro. A medida que crecía, este proceso de consuelo se convirtió en una masturbación con las medias. Y jamás logró deshacerse de este hábito. Si veía una mujer que llevaba medias, se sentía excitado al ver sus piernas. Se sentía transportado a un reino de pensamientos placenteros. Se obsesionaba con la mujer y con sus piernas. Lo único que quería era tocar las medias con su rostro. No necesitaba tocarlas con sus manos.

Su obsesión lo llevó a un ritual de seducción que le permitiera sentir las medias y experimentar el consuelo que había sentido de niño. No les proponía sexo a las mujeres, sino les pedía tan solo que le permitieran tocar sus medias con la mejilla. Cuando una compañera de trabajo se quejó de sus avances, otras también lo hicieron, y se realizó una reunión en la empresa. Se le dijo que buscara ayuda para sus «problemas emocionales». Durante el tratamiento finalmente comprendió la conexión entre su impulso sexual, las medias y la falta de atención de su madre hacia él. Estaba dolido porque le había faltado su presencia y apoyo. Vio el fetiche como lo que era y comenzó a descubrir otras formas de consolarse y sentir placer. Al fin, con mucho trabajo y grandes dificultades, su extraño apetito pudo ser controlado.

Las experiencias tempranas con sustancias y conductas que nos producen placer pueden llevar a apetitos adultos con excesos. El vínculo en muchos casos es directo, como acabamos de ver, pero también puede ser indirecto. Muchas veces la mujer que ha sufrido una violación abusa de la comida como reacción indirecta hacia su abusador. Y aunque la comida no tenga nada que ver con el abuso, sí aumenta su peso y esto le hace sentir que al estar obesa los hombres la rechazarán en lugar de sentirse atraídos. La resolución del intenso dolor y angustia en torno al abuso puede ser la clave para poder controlar el apetito.

Las improntas de la infancia pueden tratarse en la mayoría de los casos para liberar a la persona de los impulsos que siente.

INFLUENCIAS ESPIRITUALES

«Porque el deseo de la carne es contra el Espíritu, y el del Espíritu es contra la carne ... para que no hagáis lo que quisiereis» (Gálatas 5:17). Este es el dilema con el que todos, desgraciadamente, tenemos que vivir. Nuestros deseos naturales se descontrolan y se nos antoja lo que es del mundo y no beneficia a nuestra alma. Porque somos hechos de carne y espíritu, constantemente peleamos nuestra propia guerra interna entre estas dos fuerzas. Nuestra carne nos impulsa a apetitos determinados, mientras nuestro espíritu tiene un conjunto de anhelos completamente distintos. No importa cuánto deseemos satisfacer un apetito determinado, a menudo hallaremos que hacemos lo opuesto. Pablo sabía con exactitud cómo se sentía esta lucha interior. Escribió: «Y yo sé que en mí, esto es, en mi carne, no mora el bien; porque el querer el bien está en mí, pero no el hacerlo. Porque no hago el bien que quiero, sino el mal que no quiero, eso hago» (Romanos 7:18-19). Los deseos que se encienden en nosotros se ven obviamente influenciados por el mundo espiritual.

La presencia del Espíritu Santo en nuestras vidas nos llamará hacia un conjunto de apetitos saludables y edificantes. Él nos dará la fuerza y el deseo de vencer apetitos dañinos, reemplazándolos por otros santos. Gálatas 5:16 dice: «Andad en el Espíritu, y no satisfagáis los deseos de la carne». Cuanto más crezcamos en nuestra relación con Dios, tanto más hallaremos que tenemos hambre y sed de rectitud... y de satisfacer apetitos que nos hagan sentir plenos de verdad. Sin embargo, el Espíritu Santo no es la única influencia espiritual que espera impactar en nuestros apetitos.

Satanás «como león rugiente, anda alrededor buscando a quien devorar» (1 Pedro 5:8). Una manera en que nos «devora» es tentándonos a ceder a los deseos de la carne y las cosas de este mundo que él controla. Satanás no solo quiere que busquemos las cosas de este mundo; quiere que nos demos un atracón con ellas. Aunque el diablo no puede obligarnos a hacer nada, es el maestro del engaño y la mentira y tiene poder para tentarnos.

Podemos engañarnos poco a poco al punto de decidir que lo que queremos está bien. Y ese es solo el primer paso. Él quiere que tomemos apetitos saludables y los convirtamos en una obsesión. Luego quiere tomar nuestras obsesiones y hacerlas adicciones. Y cuando existe la adicción, quiere utilizarla para controlar y destruir nuestras vidas.

Una de las influencias espirituales más potentes es la culpa. La culpa no es solo una emoción; es un estado espiritual que puede impulsar nuestros apetitos y empujarnos a la adicción. Si no aceptamos el perdón que nos ofrece el Señor, terminaremos destrozados por la culpa o amordazaremos nuestra conciencia. Los estudios realizados con alcohólicos sugieren que hay incidencias frecuentes de conductas descontroladas que dejan al bebedor en un profundo pozo de culpa. Termina haciendo justamente lo que había decidido no hacer nunca. La línea que no debía cruzar ha quedado atrás. El alcohólico encuentra que le es difícil convivir consigo mismo. Pero en lugar de evitar la conducta que le lleva a la ofensa, el sentimiento de culpa y la vergüenza impulsan a la persona a encontrar alivio. Busca ese alivio en la fuente más confiable que conoce: el alcohol. Cuando intenta portarse bien solo consigue consecuencias negativas, y por ello el alcohólico termina rindiéndose.

RESUMEN

Por naturaleza somos rebeldes ante Dios, y esto se suma a los muchos factores que pueden influir, y lo hacen, en nuestros apetitos provocando que nos sea más difícil controlarlos. Pero no perdamos la esperanza, porque hay solución. Para bien o para mal, nuestro cerebro se «entrena», aunque no nos demos cuenta, para anhelar las cosas que desea. Ahora su cerebro necesita volver a entrenarse, lo cual no es tarea fácil, pero tampoco imposible. Pensemos en estas palabras de Marcos 10:24-27 mientras continuamos nuestro viaje:

> Los discípulos se asombraron de sus palabras; pero Jesús, respondiendo, volvió a decirles: Hijos, ¡cuán difícil les es entrar en el reino de Dios, a los que confían en las riquezas! Más fácil es pasar un camello por el ojo de una aguja, que entrar un rico en el reino de Dios. Ellos se asombraban aun más, diciendo entre sí: ¿Quién, pues, podrá ser salvo? Entonces Jesús, mirándolos, dijo: Para los hombres es imposible, mas para Dios, no; porque todas las cosas son posibles para Dios.

El deseo de poder en exceso causó la caída
de los ángeles,
y el deseo de conocimiento en exceso causó
la caída del hombre.

—Francis Bacon

6

CÓMO LLENAR EL VACÍO (MULTIPLICADO POR OCHO)

Dios quiere que lleguemos a ser plenos, satisfechos. Quiere que logremos controlar nuestros apetitos y satisfacer nuestras necesidades sin excesos. Y podemos hacerlo si nos comprometemos con fidelidad a seguir su guía. Tenga esta verdad en mente mientras analizamos los ocho apetitos presentados en el capítulo dos.

1. APETITO POR LA COMPAÑÍA DE DIOS

Cuando Dios creó a los seres humanos puso dentro de nosotros un vacío con el anhelo de que se llenara del amor y la compañía de nuestro Creador. Al hacerlo, Dios creó una necesidad de sí mismo. Este deseo debiera llevarnos a una relación con el Todopoderoso que nos hiciera plenos. Como sentimos que falta algo dentro de nosotros, iremos en busca de la pieza que falta. Hay personas, sin embargo, que antes de encontrar a Dios encuentran sustitutos que utilizan para llenar ese vacío creado por Dios como mejor pueden. Como cristianos sabemos intelectualmente que esto no funcionará, pero el saberlo no nos detiene de intentarlo.

Hasta que busquemos, encontremos y aceptemos una relación con Dios, anhelaremos llenar ese espacio y nuestras pasiones muy probablemente se dirigirán hacia otras cosas. Romanos 1:18-31 nos dice que Dios se revela ante los hombres. Sin embargo, «habiendo conocido a Dios, no le glorificaron como a Dios, ni le dieron gracias, sino que se envanecieron en sus razonamientos, y su necio corazón fue entenebrecido ... ya que cambiaron la verdad de Dios por la mentira, honrando y dando culto a las criaturas antes que al Creador» (vv. 21, 25). Lo que no vemos es que hay serias consecuencias si elegimos no buscar a Dios primero. Ezequiel 23:35 dice: «Por tanto, así ha dicho Jehová el Señor: Por cuanto te has olvidado de mí, y me has echado tras tus espaldas, por eso, lleva tú también tu lujuria y tus fornicaciones».

Cuando intentamos poner algo, lo que sea, en el lugar que le corresponde únicamente a Dios, cometemos pecado de idolatría. «Cualquier cosa a la que nos volvamos aparte de Dios, sea positiva o negativa, para encontrar vida, valor y sentido es idolatría: dinero, propiedades, joyas, sexo, ropa, construcción de iglesias, educación, títulos, lo que fuere».[1]

¿Estamos diciendo que tener o disfrutar de cualquiera de estas cosas es idolatría? Claro que no. La idolatría no tiene que ver con *la cosa* que tenemos o buscamos, sino con *el por qué* de nuestra búsqueda. ¿Está usted buscando estas cosas como sustitutos de Dios? ¿Espera que le satisfagan, le hagan sentir pleno, valioso, seguro y amado? Si es así, entonces sí está muy involucrado en el pecado de la idolatría y debe corregir esta situación volviendo a poner a Dios en su lugar de prioridad. Si no lo hace, continuará buscando cosas de este mundo para saciar su apetito por Dios y continuará sintiéndose vacío.

Todo apetito insatisfecho crecerá en intensidad. Esto es verdad también con respecto a nuestra necesidad de estar con Dios. Por eso, si intenta llenar esta necesidad con algo que no funciona del todo bien, su necesidad crecerá y también será más grande el vacío que sienta en su interior. Cuando más le duela esta pena, tanto más grande será lo que tenga que encontrar para llenar esta necesidad que le carcome. ¿Ve cómo esto tendrá un impacto en todos sus demás apetitos? Buscará métodos para satisfacer sus diferentes apetitos hasta que encuentre algo que alivie su dolor durante un tiempo. Pero cuando vuelva a dolerle, tendrá que volver a buscar, esta vez intentando que le provoque un placer más duradero que el anterior. Y el ciclo continúa. Creemos que a menos que aprenda a satisfacer primero su necesidad de Dios, lo que le espera es un aumento del desequilibrio en todos los demás apetitos.

2. Apetito por placer

El siguiente deseo más fuerte que afectará a todos los demás será nuestro apetito de placer. Además de nuestro deseo de Dios, el apetito de placer es el credo por el que vivimos los seres humanos. Lo que elijamos para satisfacer nuestros apetitos ha de darnos placer. Avanzamos de forma activa por la vida con el siguiente lema inscripto en la frente: «*Busca el placer, evita el dolor*». Queremos sentir placer en todo lo que pensamos, sentimos y hacemos. Deseamos relaciones placenteras. Aspiramos a tener trabajos placenteros. Recreación placentera. Comida placentera. Y hasta una muerte placentera. Queremos vivir en un mundo encantado, color de rosa y bello, donde nunca nos haga falta nada.

Ahora, sabemos en realidad que es imposible vivir una vida de perfecto placer, sin embargo, es lo que todos esperamos. Como vivimos en el mundo real, de vez en cuando sentiremos dolor. Pero cuando esto sucede, inmediatamente comenzaremos a buscar algo que alivie el dolor y nos lleve de vuelta al placer que necesitamos con tal desesperación. Como dije (Steve) en mi libro *Addicted to Love* (Adictos al amor),[2] vivimos absortos y obsesionados por nuestro propio dolor. Queremos evitar el dolor y buscar el placer, y cuando más profundo sea este dolor tanto más fuerte será la necesidad de alivio a través de alguna forma de placer. Con el tiempo, nuestros placeres normales ya no cumplen esa función y necesitamos un placer más «prohibido» para escapar al dolor. Cuando los placeres normales o más aceptables ya no nos sirven, vamos con toda facilidad de los placeres naturales y saludables a las aventuras, el sexo ilícito, los gastos desmedidos o las drogas. Estas conductas nos sirven de maneras significativas:

- Proveen alivio y distracción del dolor.
- Proveen un escape temporal de la realidad.
- Hay una sensación de seguridad porque al menos esto es algo «conocido».
- Proveen gratificación instantánea.

Nuestra sociedad nos alienta todo el tiempo a satisfacer nuestro deseo de placer, y parece que vamos a ciegas tras la satisfacción del día. La sociedad nos dice: «Si te hace sentir bien, ¡hazlo!» Y nosotros lo hacemos.

3. Apetito por la comida

Los números lo dicen: cada vez hay más obesos y es obvio que satisfacemos en exceso nuestro apetito por la comida. Cuando este apetito se descontrola, pueden amenazar casi todos los aspectos de nuestra vida. Sin embargo, no importa cuán duro lo intentemos, no podemos llenar nuestro espacio emocional o espiritual con comida física. Buscamos un tipo de satisfacción que la comida no nos brinda. Hoy, las personas utilizan la comida como vía de escape al dolor en sus vidas. Quizá estén sintiendo el dolor emocional que surge de una relación rota, el dolor psicológico de la depresión o la ansiedad, o cualquier otro dolor, entre los millones posibles. No importa de qué tipo sea el dolor, utilizamos la comida como medicina que aliviará nuestra pena.

Comemos emocionalmente si consumimos los alimentos en respuesta a la angustia, el aburrimiento, la depresión, la ansiedad o cualquier otra sensación emocional, no porque de veras sintamos hambre física.

Comer cuando no estamos hambrientos también causa sensación de placer. Hay alimentos que hacen que el cerebro libere sustancias químicas que producen intensos sentimientos de placer. Si usted está angustiado y utiliza «comida consuelo», quizá de veras se sienta mejor, aunque sea durante un rato. Pero cuando el dolor vuelve, esta vez viene con compañía. Trae sentimientos de culpa y vergüenza, como resultado de haber comido cuando no lo necesitábamos. ¿Cómo librarnos de estos sentimientos de dolor? Habrá que ingerir más «medicina», ¿verdad? Antes de que nos demos cuenta, nos habremos sentado a engullir un plato entero de pastas con queso, solo para sentirnos mejor. La Biblia nos dice que nuestro apetito de comida jamás se satisfará: «Todo el trabajo del hombre es para su boca, y con todo eso su deseo no se sacia» (Eclesiastés 6:7).

4. Apetito por el sexo

Dios creó el sexo para que nos dé placer. Y al hacerlo, también nos dio mandamientos e instrucciones al respecto. Dios sabía que este apetito podía distorsionarse y volverse destructivo. Una y otra vez en las Escrituras, Dios describe qué es lo que sí y lo que no debiera hacerse para satisfacer saludablemente nuestro apetito sexual. Sin embargo, a causa de nuestra naturaleza pecaminosa, muchas personas se ven atraídas hacia pecados de inmoralidad sexual. La visión del mundo de que «si se siente bien, hazlo» y «el amor libre» han traído una serie de consecuencias de naturaleza sexual, como las tasas crecientes de enfermedades de transmisión sexual, el SIDA, los embarazos de los adolescentes, los abortos, las madres solteras y los matrimonios separados. Las adicciones sexuales, la lujuria, la pornografía, la homosexualidad y la prostitución están todas relacionadas con nuestros débiles intentos de ser felices mediante la perversión de la bendición del sexo que Dios nos dio. Eclesiastés nos enseña que la gratificación sexual puede convertirse en una trampa con cadenas aun peores que la muerte (7:25-26).

Muchas veces las personas recurren al sexo como una forma de controlar los dolores emocionales y el temor a la soledad. Al principio esto pareciera funcionar. Como expliqué en mi libro *Addicted to Love* (Adictos al amor): «El cambio de ánimo que produce el orgasmo mata el dolor y brinda una sensación momentánea de "normalidad" o de estar "en control". Sin embargo, el ciclo adictivo continúa y llegará un momento en que después del alivio el dolor volverá con más intensidad que antes, causando en nosotros la necesidad de encontrar más alivio, que a la vez trae más dolor y así seguirá el ciclo hasta que el sexo controla a la persona, en lugar de ser al revés».[3]

5. Apetito por autoridad y poder

Vivimos en una sociedad con hambre de poder. Es como el gran juego del «Rey de la Montaña», que no se puede detener hasta llegar a la cima. Estar en la cima significa que uno es el rey de la montaña y tiene autoridad para mandar a los pequeños súbditos, más débiles y más pequeños que nosotros.

Este impulso por el poder y la autoridad puede consumir a ciertas personas. Mientras trepan hacia la cima parecen no pensar en quienes quedan debajo, pisoteados, aplastados. La única razón por la que se relacionan con los demás es para utilizarlos como peldaños en su escalada hacia la cima. Sin embargo, estas personas hambrientas de poder nos necesitan cuando han llegado porque, ¿de qué sirve un rey si no tiene súbditos?

Cuando el apetito de poder no tiene control, las personas utilizarán su posición y a las otras personas para conseguir lo que quieren. Son consumidores de personas, no consumidores de cosas. Las vidas de quienes rodean a los hambrientos de poder quedan bajo la jurisdicción de este dios autoproclamado. Eclesiastés dice que controlar y extorsionar a otros al final solo traerá al poderoso más dolor y pena (Eclesiastés 7:7; 8:9).

6. APETITO POR EL TRABAJO

El problema no está en nuestra disposición para trabajar duro; está en trabajar duro por las razones equivocadas. Esto hace que este apetito se descontrole. Y llegamos de nuevo al hecho de utilizar un apetito en el intento por satisfacer otro. Cuando trabajamos compulsivamente con el propósito de satisfacer nuestro deseo de orgullo, poder o posesiones, es momento de considerar nuevamente qué pensamos que es la vida.

Resulta interesante analizar el modo en que las personas utilizan su poder. Como viajo al menos treinta veces al año (Steve), suelo alojarme en hoteles todo el tiempo. Siempre pido que mejoren la categoría de mi habitación sin ningún cargo adicional. No tengo nada que perder, a menos que la palabra «no» me resultara insoportable.

La mayoría de las veces, quien está tras el mostrador accede a mi pedido. Todo dependerá de la cantidad de habitaciones disponibles y del grado de autoridad que tenga el empleado para cambiar mi reserva. Encuentro divertido jugar a adivinar cómo utilizarán su poder. Algunos se esforzarán por asegurarse de que *no consiga* una habitación mejor que la que reservé. Siempre imagino que si llegaran a dirigir algo grande, utilizarían su poder solo con fines egoístas. Y luego están también los empleados que utilizan su autoridad para darme una habitación mejor y que así me sienta más cómodo, ya que desean que el cliente esté contento. Pruebe este ejercicio alguna vez. Nunca se sabe... ¡quizá consiga una suite y estudie este apetito al mismo tiempo!

Eclesiastés nos da un relato muy poderoso sobre lo que sucede cuando el trabajo se convierte en nuestra vida. Veámoslo directamente cómo lo presenta Eclesiastés 2:18-23.

> Asimismo aborrecí todo mi trabajo que había hecho debajo del sol, el cual tendré que dejar a otro que vendrá después de mí. Y ¿quién sabe si será sabio o necio el que se enseñoreará de todo mi trabajo en que yo me afané y en que ocupé debajo del sol mi sabiduría? Esto también es vanidad. Volvió, por tanto, a desesperanzarse mi corazón acerca de todo el trabajo en que me afané, y en que había ocupado debajo del sol mi sabiduría. ¡Que el hombre trabaje con sabiduría, y con ciencia y con rectitud, y que haya de dar su hacienda a hombre que nunca trabajó en ello! También es esto vanidad y mal grande. Porque ¿qué tiene el hombre de todo su trabajo, y de la fatiga de su corazón, con que se afana debajo del sol? Porque todos sus días no son sino dolores, y sus trabajos molestias; aun de noche su corazón no reposa. Esto también es vanidad.

Está bien querer trabajar para ganarnos el pan y estar ocupados. Hay muchos pasajes en las Escrituras que indican evitar la pereza y las manos ociosas. Proverbios 10:4 dice: «La mano negligente empobrece; mas la mano de los diligentes enriquece» (ver también 12:24, 19:15, 21:25-26, 24:30-34 y 2 Tesalonicenses 3:10 acerca de cómo será recompensado el buen trabajador). Sin embargo, jamás deberemos volvernos adictos al trabajo. Las Escrituras establecen con claridad que Dios descansó el séptimo día (Génesis 2:2). A nosotros se nos manda también a tener un día de reposo (Éxodo 20:8-11). Asimismo Jesús descansaba mientras estuvo aquí en la tierra (Marcos 4:38, 6:31; y Juan 4:6). Si hubo alguien que haya tenido razón para ser adicto al trabajo fue Jesús. Tenía una tarea imposible por delante, y en un plazo que ningún humano podría cumplir. Sabía que tenía solo tres años para cambiar al mundo por completo, y aun así, se tomaba su tiempo para descansar.

El apetito por el trabajo es difícil de manejar porque parece noble aun cuando esté evidentemente fuera de control. El que trabaja duro se ve bien ante su comunidad, pero cuando uno habla con su familia, que pasa sus días a solas, ya no se le ve tan bien. El adicto al trabajo puede tener una historia de vida tan devastadora como la de un alcohólico.

¿Está utilizando usted el trabajo como modo de satisfacer su necesidad interior? ¿Ha decidido que su sentido de valía y autoestima dependen de su actuación laboral? ¿Encuentra su sentido de seguridad vinculado al dinero, a la carrera o a todo lo que el trabajo genera para usted? Si la respuesta a alguna de estas preguntas es sí, es posible que su trabajo se haya convertido en su dios.

7. APETITO POR COMPAÑÍA

Como con todos los demás apetitos que se apartan del plan original de Dios, el apetito por compañía puede convertirse en una relación de idolatría. Hemos sido creados con una fuerte necesidad y deseo de relacionarnos con otras personas. En el Nuevo Testamento se nos aconseja no dejar de congregarnos con otros creyentes (Hebreos 10:25). Dios sabía que querríamos estar con otras personas, y si no elegimos estar acompañados de otros creyentes, ¿con quién elegiremos estar? Obviamente, con los no creyentes. Hay diversas instancias en el Antiguo Testamento en que Dios instruye al pueblo de Israel a evitar pasar demasiado tiempo con los paganos, porque él sabía cuán fácilmente podrían apartarse de Él. Nuestro apetito por compañía puede volverse destructivo como resultado de las compañías que elegimos. Como nuestro deseo y necesidad de pertenecer y ser aceptados es tan fuerte, si elegimos pasar tiempo con personas no saludables al final nuestros pensamientos, creencias y actos se verán influenciados. Comenzaremos a ser más como ellos y a hacer las cosas que hacen. Este es el poder de la presión de los pares en acción.

Nuestro apetito por compañía también puede cambiar y dejar de ser un deseo saludable para convertirse en un impulso que nos mantiene atrapados en relaciones dañinas. Las relaciones en que nos encontramos hoy pueden haberse vuelto destructivas por medio de la presencia del abuso físico, verbal o emocional. O nuestra necesidad de atención y aceptación de los demás puede haber llegado a ser tan fuerte que dependemos de nuestras relaciones. Sea como fuere, ya no podemos controlar nuestro apetito por compañía y este nos controla a nosotros. Nuestro deseo de tener una relación está tan fuera de control que aceptaremos cualquier cosa —hasta una relación destructiva y perjudicial— con tal de llenar ese vacío. Nos convencemos de que algo es mejor que nada, no importa cuán malo sea ese «algo». El temor a ser rechazados, heridos, no amados, o a estar solos puede ser tan fuerte que nos atrapa en una relación que en verdad nos hace sentir solos, rechazados, heridos y no amados.

Nuestro miedo al dolor a causa del rechazo, el abandono y la soledad evitará que experimentemos el dolor de no estar satisfechos en una relación. En este caso, pareciera que elegimos el mal menor. Aceptamos el dolor de una relación destructiva o insatisfactoria porque al menos nos brinda la imagen de pertenecer, de ser aceptados. Nos convencemos y quizá convencemos a los demás de que somos especiales porque tenemos una relación. Y dejar esa relación nos obligaría a enfrentar nuestra creencia de que en verdad no valemos nada y no merecemos amor. No habrá refugio donde escondernos de nuestro dolor.

El deseo de sentirnos necesitados crea relaciones entre personas muy responsables (el que necesita ser necesitado) y personas poco responsables (el que quiere que alguien se ocupe de él). Aunque la combinación es extremadamente dañina, puede llegar a ser muy estable. Cada una de las personas involucradas en este tipo de relación está más concentrada en satisfacer su propia necesidad que en servir al otro. Y hasta la persona que pareciera estar haciéndolo todo por su cónyuge está siendo egoísta. ¿Cómo? Cuando examinamos los motivos que hay detrás de sus acciones veremos que no está siendo el sirviente que Cristo nos pide que seamos, sino que está sirviendo al otro solo para satisfacer su propósito egoísta de cubrir su propia necesidad de ser importante y valioso. Mientras esta relación siga brindándole a cada una de las partes la satisfacción de sus deseos egoístas, se mantendrá estable e intacta.

8. Apetito de sabiduría

Cuando buscamos sabiduría, no es el conocimiento o siquiera el deseo de adquirir conocimiento y sabiduría lo que debe preocuparnos. Es solo cuando el deseo de obtener sabiduría se vuelve una obsesión o pierde el rumbo que debemos preocuparnos. Cuando nuestro deseo de saber es más grande que nuestro deseo de buscar a Aquel que da sabiduría, entonces el conocimiento se ha convertido en nuestro dios.

¿Qué es una relación codependiente?

Una persona depende de la otra para hacer lo que debiera estar haciendo por sí misma. Mientras, el otro cónyuge es codependiente (también dependiente) de la relación como medio para poder sentirse bien, importante y necesario.

A menudo oímos el término codependiente en referencia a las relaciones que involucran a una persona alcohólica o drogadicta. El cónyuge adicto «depende» de una droga para poder estar «bien». Sin embargo, el cónyuge codependiente «depende» también de la otra persona para sentirse a su vez «bien». El impulso o apetito de ellos consiste en «arreglar» a otras personas o en ser visto como víctimas perseverantes, lo cual les hace sentir importantes, necesarios e incluso «buenos» en un cierto sentido de la palabra. El ánimo del codependiente lo determina su habilidad para «arreglar» a su pareja. Cuando el cónyuge adicto muestra mejoría, ellos se sienten «bien». Cuando el adicto recae, el otro se siente «mal». Es su impulso por volver a sentirse bien, como el adicto busca volver a sentirse bien consumiendo, lo que hace que el ciclo sea interminable.

En el caso de la relación codependiente ambas partes tienen ídolos. La persona dependiente tiene por ídolo al alcohol, las drogas, el sexo, el juego o la conducta que haya reemplazado a Dios en su búsqueda de satisfacción; la persona codependiente tiene por ídolo a la otra persona, porque a través de ella siente que vale algo. Jeff Vanvonderen explica:

> La persona codependiente se vuelve hacia algo que no es Dios como fuente de bienestar. Si otro ser humano se convierte en su falso dios, usted no querrá un dios borracho, irresponsable y que le avergüence. Quiere un dios sobrio y responsable, que le haga sentir orgulloso.

Por ello, debe arreglar a su dios, lo cual explica el tiempo y la energía, tanto propia como ajena, empleada por el codependiente en su esfuerzo por arreglar al adicto. Esto también explica por qué es tan difícil que el codependiente pueda alejarse, aun cuando sus esfuerzos demuestran ser inútiles.[4]

Si deseamos conocimiento y sabiduría para beneficiar a otros, estamos utilizándolos con un propósito que agrada a Dios. Pero cuídese de usar este apetito para verse bien o para hacer que otros se vean mal.

Volvamos a las Escrituras para ver qué dice el libro de Eclesiastés al respecto:

- «Porque en la mucha sabiduría hay mucha molestia; y quien añade ciencia, añade dolor» (1:18).
- «No seas demasiado justo, ni seas sabio con exceso» (7:16).
- No hay fin de hacer muchos libros; y el mucho estudio es fatiga de la carne (12:12).

Estos versículos muestras que el deseo excesivo de conocimiento puede traer problemas. Si nos excedemos buscando conocimiento en algo, aun en temas religiosos, podemos perder de vista las cosas importantes. En 2 Timoteo 3 se nos dice que en los últimos días las personas tendrán «apariencia de piedad, pero negarán la eficacia de ella … estas siempre están aprendiendo, y nunca pueden llegar al conocimiento de la verdad» (vv. 5, 7). En el mundo de hoy, con toda la información que podamos imaginar a nuestro alcance en la Internet, nuestro deseo de sabiduría puede ser aun más difícil de controlar. ¿Cuántos hemos pasado horas y horas frente a la computadora investigando un tema «importante»? No decimos que la Internet o el conocimiento que ofrece sean malos. Pero debemos controlarlo, manejarlo y utilizarlo únicamente con el propósito de agradar a Dios.

Ahora que hemos estudiado estos ocho apetitos con mayor detalle, es hora de volver nuestra atención al paso siguiente: el proceso de sanidad. El deseo de Dios es que podamos controlar nuestros apetitos, y este deseo es poderoso y real. Podemos encontrar sanidad si buscamos hacer su voluntad, utilizando los buenos dones que Él nos ha dado.

La fe es el único poder contra el que el miedo no puede.

Día tras día, a medida que vaya llenando su mente con fe, llegará un momento en que ya no quedará espacio para el miedo. Esto es algo importante, que no debiéramos olvidar jamás.

La maestra fe y usted automáticamente dominarán al miedo.

—NORMAN VINCENT PEALE,
EL PODER DEL PENSAMIENTO POSITIVO

7

FRUTO EN TODAS
SUS FORMAS

C omo cristianos tenemos un poder secreto que pocos utilizamos: *El poder del Espíritu Santo* que vive dentro de nosotros. Cuando Jesús estaba a punto de dejar esta tierra, prometió que enviaría al Espíritu Santo para ayudar a sus discípulos y a
nosotros: «Mas el Consolador, el Espíritu Santo, a quien el Padre
enviará en mi nombre, él os enseñará todas las cosas, y os recordará
todo lo que yo os he dicho» (Juan 14:26).

Cuando aceptamos a Jesús como nuestro Señor y Salvador recibimos el don del Espíritu Santo. A través de la presencia del Espíritu
Santo estamos «sellados» y pertenecemos a Jesucristo; por ello
Satanás no tiene autoridad alguna sobre nosotros (Efesios 1:13-14;
Hechos 2:38). Por medio de la presencia del Espíritu Santo también
recibimos sabiduría, aliento, poder y fuerzas para ayudarnos en la
batalla (Hechos 1:8; Hechos 9:31; Efesios 1:17). Cuando enfrentamos tribulaciones y dificultades en nuestras vidas, Jesús dice que el
Espíritu Santo está allí para ayudarnos a saber cómo manejar la situación (Marcos 13:11; Lucas 12:11-12).

Y porque el Espíritu Santo vive en nosotros, podemos y debemos
exhibir el fruto del Espíritu. *Fruto*, según el Diccionario de la Real
Academia Española, se define como: «Producto de las plantas, que,
aparte de la utilidad que puede tener, sirve para desarrollar y proteger

la semilla».[1] Este es el resultado final de lo que la fuente o planta intenta producir. En las Escrituras, el fruto del Espíritu es el resultado final de lo que el Espíritu Santo intenta producir en nosotros. A medida que el Espíritu crece en nosotros comenzamos a producir buen fruto, como se describe en Gálatas 5:22-23: «Mas el fruto del Espíritu es amor, gozo, paz, paciencia, benignidad, bondad, fe, mansedumbre, templanza». Lo que surge de una planta o de otra fuente reflejará a su fuente de origen. Todos sabemos que la manzana proviene del manzano y no de una planta de tomates. Y aunque puede haber similitud entre la manzana y el tomate, no son iguales, y sabemos de dónde vino cada uno de estos frutos.

Del mismo modo sabremos qué fruto proviene del Espíritu Santo y cuál no. Las Escrituras lo confirman: «Por sus frutos los conoceréis. ¿Acaso se recogen uvas de los espinos, o higos de los abrojos? Así, todo buen árbol da buenos frutos, pero el árbol malo da frutos malos. No puede el buen árbol dar malos frutos, ni el árbol malo dar frutos buenos ... Así que, por sus frutos los conoceréis» (Mateo 7:16-18, 20). Así que el fruto representa a la fuente de donde proviene.

El poder del «fruto prohibido»

Satanás utiliza el fruto prohibido como su imitación del fruto de Dios. Lo usa para tendernos una celada que nos aparte de Dios y de sus provisiones para nuestra vida. Dios prohíbe ciertas cosas en el mundo material por la destrucción que pueden causar en el ámbito físico y espiritual. Podemos elegir ir tras el fruto prohibido, pero debemos estar concientes de que hay consecuencias si lo hacemos y efectos en nuestro cuerpo físico, nuestras relaciones, finanzas, etc. Elegir el fruto prohibido también puede tener consecuencias en el ámbito espiritual: el pecado nos separa de Dios, lleva a la muerte espiritual, y afecta nuestro testimonio de Cristo hacia los demás.

¿Por qué permitió entonces Dios el fruto prohibido? Porque somos libres. Dios quiere que elijamos amarle y seguirle. Y eso solo puede lograrse si hay otras opciones además de Dios. Tenemos la oportunidad de mostrar nuestro amor por Él a través de nuestra obediencia a sus mandamientos. Juan 14:15 dice: «Si me amáis, guardad mis mandamientos». A través de nuestra obediencia le mostramos a Dios cuánto le amamos.

Dios puso ante Adán y Eva la opción de elegir entre la obediencia y la rebeldía en el Jardín del Edén, y hoy pone estas mismas opciones ante nosotros, día tras día. No solo nos da la libertad para elegir, sino que nos provee la respuesta buena y correcta cuando elegimos. Sin embargo, al igual que Adán y Eva hace ya tanto tiempo, a menudo seguimos eligiendo la respuesta incorrecta aunque Dios nos muestre con claridad la adecuada a través de su Palabra y la guía del Espíritu que está en nosotros.

EL JUEGO DE LAS PREGUNTAS Y RESPUESTAS

¿Recuerda lo que sentía cuando entraba en el aula y el profesor anunciaba que habría una prueba? Tanto si estaba preparado o no, uno sentía ansiedad ante el inesperado anuncio. ¿Qué sucedería si no sabíamos las respuestas? ¿Y si las habíamos olvidado?

En el pupitre, con el papel y el lápiz listo para la primera pregunta, el profesor anuncia que además nos dará la respuesta a las preguntas. *¡Hombre! ¿Cómo es eso? ¿Qué clase de examen es este? ¿De veras dará las respuestas junto con las preguntas? ¡Esto es mejor que un examen a libro abierto!* Uno empieza a relajarse, y aunque sigue un tanto confundido, está listo cuando llega la primera pregunta: «¿Se supone que comas del árbol del conocimiento del bien y el mal?» Y enseguida, el profesor provee la respuesta: «La respuesta correcta a esta pregunta es no». Luego formula la segunda pregunta: «¿Qué consecuencias trae comer el fruto de ese árbol?» Y otra vez la respuesta correcta llega enseguida: «¡La muerte!»

Allí, con el papel delante, nos damos cuenta de que no hemos anotado las respuestas correctas. ¿Por qué no? ¿Qué estamos esperando? Sí, el se presentó ante nosotros con una prueba, pero nos dio las respuestas. Tenemos la oportunidad de obtener la mejor calificación. ¿Cuál es la duda? Nos encontramos pensando qué pasaría si diéramos una respuesta diferente. *Después de todo, ¿cuál será la importancia de este examen si nos está dando ya las respuestas? Probablemente ni siquiera lo tome en cuenta para mi calificación final. Ha de ser una prueba fingida, no un examen de verdad. ¿Para qué tomarla con seriedad si no es real? Es solo una cosa sin importancia. ¿Qué tan malo podría ser el resultado si fracaso?*

Cuanto más lo pensamos, más dudas y preguntas surgen en nuestra mente:

- Quizá no oí bien. Tal vez está bien comer de ese árbol.

- No sé muy bien de qué árbol se trata.

- Es el árbol del Conocimiento del Bien y del Mal. Suena bien. Seguro que no podría decir que no, justamente refiriéndose a ese árbol.

- Cualquiera puede cometer errores. Quizá nos dio la respuesta equivocada.

- Como no ha de ser gran cosa, lo intentaré a mi modo.

- Quizá un mordisquito no tenga importancia alguna.

Ahora piense en esta situación una vez más. Está sentado en clase y le dan una examen. Se le dice que las respuestas correctas se le darán junto con las preguntas. Solo tiene que anotarlas. Habría que estar loco para anotar una respuesta distinta de la que da el profesor, ¿verdad? ¡Loco!

Sin embargo, eso es exactamente lo que hicieron Adán y Eva. Además, cada uno de nosotros ha tomado la misma decisión en algún punto de nuestras vidas cuando elegimos ceder ante la tentación y el pecado. Dios nos da la respuesta correcta y los recursos para pasar el examen, y aun así, muchas veces fallamos en nuestras respuestas.

El punto en esta analogía es que a menudo conocemos la respuesta correcta, pero igual hacemos lo que no está bien. Adán y Eva sabían qué era lo que estaba bien, pero eligieron hacer lo que estaba mal. Y nosotros somos iguales a ellos. Elegimos rebelarnos y vivir como sabemos que no debemos vivir. Siendo ese el caso, tenemos que encontrar las fuerzas y la esperanza de tomar la decisión correcta y hacer lo que está bien. Debemos utilizar la compañía de otros y el poder de Dios para permanecer firmes ante las tentaciones que son tan atractivas.

Las herramientas de Satanás

Los sustitutos que ofrece Satanás pueden parecer al principio similares al fruto espiritual que sabemos que necesitamos y que hemos estado buscando. Pensemos en la manzana y el tomate otra vez. A la distancia, se ven parecidos y quizá no pudiéramos distinguirlos entre sí. Son de color, forma y tamaño similar, y después de todo, son frutos los dos. Satanás sabe que buscamos el sabor dulce y el alimento de la manzana, pero nos tiende una celada haciendo que lo que él nos ofrece se parezca a lo que buscamos, al menos a la distancia. ¿De qué le serviría saber que buscamos una manzana para luego ofrecernos un pepino? Sabe que no miraríamos dos veces si nos ofreciera algo muy diferente. Quiere que al menos tomemos en cuenta su sugerencia, porque se parece a lo que buscamos y lo que quiere es alejarnos de la bendición de Dios para nuestra vida. Así que hace que a la distancia su oferta se vea muy similar a la de Dios.

En realidad, si no ejercemos nuestro discernimiento, Satanás hasta quizá use cosas que nosotros vemos como «buenas» para poder atraernos a él. Él no solo utiliza cosas que son obviamente pecado, por mucho que se las mire, sino que además puede poner cosas «buenas» en nuestro camino para apartarnos de la voluntad de Dios.

Así es como Satanás obra. No hace que busquemos sustitutos ofreciéndonos frutos podridos y de amargo sabor. ¡No! Por el contrario, nos ofrece frutos que saben, parecen y en todo el sentido de la palabra son «buenos». Sin embargo, ¿qué sucede si elegimos algo «bueno», pero no es lo que estamos supuestos a hacer? De igual forma estaremos fuera de la voluntad de Dios para nuestra vida, y esto es pecado.

Cuando yo (Steve) pesaba casi treinta kilos más de lo que peso hoy, era obvio que esto no era una cosa buena. Perder peso y controlar mi apetito habría sido algo muy bueno. Había intentado muchas cosas, pero mi apetito era mi perdición. Había oído que una dieta baja en carbohidratos había ayudado a mucha gente a perder peso de manera rápida. Así que compré un libro para contar los carbohidratos, lo puse en mi bolsillo, y comí todo el queso, la carne y los huevos que quería. No hice nada con mi apetito, pero sí comencé a perder peso. Sin embargo, hubo otras cosas que la pérdida de peso trajo aparejada que no fueron tan buenas.

Ante todo, estaba insoportable. Me irritaba con facilidad ante la menor molestia. La falta de carbohidratos afectaba mis emociones. Me sentía incómodo y no me relacionaba bien con los demás. Parte de esta irritación mental podía haber sido resultado de lo que sucedía en mi cuerpo. Estaba molesto porque sufría de constipación. Esto era un asunto serio y me producía fuertes dolores.

Perder peso hizo que saliera a la luz la peor parte de mí. Pero estaba tan decidido a adelgazar que no quería dejar esta dieta. No lo hice hasta haber perdido quince kilos. Esto parecía algo bueno, y me sentía feliz cuando la gente comentaba lo bien que me veía. Aunque la pérdida de peso parecía y se sentía como algo bueno, no era así. La misma era un sustituto de lo que en realidad era bueno.

Lo correcto habría sido controlar mi apetito. Lo mejor que podría haber hecho era encontrar una paz que disminuyera mi afición por la comida. Podría haber utilizado mi problema físico de sobrepeso para llevarme a la solución de mis problemas emocionales y espirituales, ocultos tras la grasa. Pero no lo hice. En cambio, comía y comía, sorprendido de que podía perder peso igual, mientras no comiera pan, dulces y ciertas frutas que me gustaban mucho. Bajé de peso, pero mi conducta no cambió.

Me sentía más liviano, más libre, pero claro… no podía seguir la dieta durante toda mi vida. Finalmente, decidí que ya había logrado mi objetivo y volví a comer con normalidad. Al poco tiempo, había recuperado los kilos perdidos y me sentía más frustrado que cuando empecé. Tenía más grasa también, porque la dieta me había hecho perder tejido muscular y lo había reemplazado con grasa. Me sentía más gordo. Lo que parecía tan bueno finalmente resultó no serlo. El plan de adelgazamiento acelerado me impidió encontrar lo que habría sido de veras bueno para mí.

Al pelear con nuestros apetitos, habrá decisiones que parecen buenas, pero que quizá no sean lo que Dios quiere que hagamos. Si no es el plan de Dios, entonces es probable que estemos yendo tras los sustitutos de Satanás, permitiéndole alejarnos de lo que Dios tiene reservado para nosotros. Quizá haya que evaluar nuestras actividades y decisiones para ver a quién estamos siguiendo. ¿Confía usted en su sentido de la independencia, en su propio esfuerzo? ¿Se niega a buscar ayuda de hermanos espirituales porque necesita verse fuerte? ¿Ha aceptado enseñar en la Escuela Dominical porque el pastor se lo pidió, en lugar de preguntarle a Dios si este es el modo en que Él quiere que usted le sirva? ¿Está ayudando a otros al punto de no dedicar tiempo y atención a su familia o a usted mismo? ¿Está sirviendo a Dios por los motivos equivocados? Todo esto puede formar parte de los sustitutos que Satanás le está ofreciendo. Se ven bien en la superficie, pero su propósito final es alejarlo de Dios por medio de la desobediencia.

Satanás es tan sutil en su oferta de sustitutos que se ven bien desde lejos que logra atraparnos con toda facilidad. Cuando le echamos una segunda mirada a las propuestas de Satanás, él comenzará a ejercer su arte de engañarnos para que creamos que lo que se ve bueno es realmente lo que necesitamos. Esto es atractivo a la vista, al menos desde lejos. Pero si nos acercamos al sustituto que ofrece Satanás, veremos la diferencia. Sin embargo, hasta ahora hemos estado escuchando los engaños de Satanás durante tanto tiempo que ya nos ha convencido de que lo que nos ofrece es «lo más parecido» a lo que nos traerá satisfacción. En el momento en que alcanzamos el fruto estamos tan engañados que podemos creer que el fruto de Satanás es justo lo que estábamos buscando. No será hasta que demos un buen mordisco a este fruto que veremos que el sabor no es el que esperábamos. ¡Qué equivocados estábamos! Y aun entonces, habrá veces en que nos convenceremos de que debemos seguir comiendo el fruto de Satanás, porque creemos que es lo único que tenemos. Incluso hasta puede ser que no veamos el fruto verdadero que está junto a nosotros.

El fruto del Espíritu siempre está a disposición de los cristianos, pero Satanás, el maestro de las mentiras, nos convence de que no lo está y de que debemos conformarnos con los sustitutos. Quizá nos digamos: «No tengo fuerza de voluntad, no tengo dominio propio», y nos entreguemos a nuestra tentación. Pero la Biblia nos dice que el dominio propio es un fruto del Espíritu que está disponible para nosotros con el objeto de que venzamos a la tentación.

¿Con qué se está satisfaciendo usted?

¿Estamos eligiendo lo mejor, lo más saludable? ¿O nos conformamos con lo más fácil, lo más rápido, lo que nos satisface de momento?

Criar a mi hija Madeline ha sido una de las cosas que más gozo me trajo en la vida (Steve). Y poner límites a su apetito ha sido difícil, pero es lo que ella necesitaba que hiciera como padre. Madeline tiene un apetito enorme. Le gusta mucho la comida y a mí me gusta darle de comer. Al sentarse a la mesa, comerá todo tipo de alimentos nutritivos que le demos y le gustarán. Pero debo limitar lo que come antes de que se siente a la mesa. Eso es lo que haría todo buen padre. Si Madeline come antes del almuerzo, no se alimentará saludablemente.

Yo soy el que pone límites en la época en que Madeline todavía no tiene la madurez suficiente como para hacerlo sola. Cuanto más me dedico a esto, más disposición interiorizará ella, y más fácil le resultará demorar la gratificación y esperar a sentarse a la mesa cuando esté lista la comida deliciosa y saludable a la hora del almuerzo. Todos debemos hacer esto. Y lo mismo vale para nosotros: debemos decir que no a algunos frutos prohibidos antes del almuerzo para poder disfrutar del fruto de Dios que nos satisface en espíritu.

Cuando estamos creciendo espiritualmente, el fruto del Espíritu se ve atractivo. Creemos que solo este fruto saciará nuestro apetito. Cuando estamos llenos del fruto del Espíritu ya no deseamos llenarnos con frutos prohibidos. Sin embargo, cuando no satisfacemos nuestro apetito con lo que el Espíritu nos ofrece, seguimos sintiendo apetito y el fruto prohibido se ve cada vez más atrayente. Cuando nos llenamos con el fruto prohibido, ya no desearemos tanto el fruto del Espíritu.

TENTACIÓN

Las Escrituras nos dicen: «No os ha sobrevenido ninguna tentación que no sea humana; pero fiel es Dios, que no os dejará ser tentados más de lo que podéis resistir, sino que dará también juntamente con la tentación la salida, para que podáis soportar» (1 Corintios 10:13).

La tentación forma parte de la vida sobre esta tierra. Todos hemos pasado por tentaciones y seguiremos enfrentándolas hasta nuestro último aliento de vida, así que será mejor que sepamos contra qué tenemos que pelear para poder tener las respuestas «correctas». Es importante observar aquí que enfrentar la tentación no es pecado. Hasta Jesús fue tentado, y sin embargo, jamás pecó. Así que no es la tentación que se cruza en nuestro camino lo que nos hace pecadores, sino que es la manera en que respondemos a esa tentación lo que será el factor determinante.

Satanás se impone la tarea de tentarnos. Y nuestra tarea consiste en estar firmes contra estas tentaciones, resistiéndonos a él. Quizá Satanás ponga un pensamiento en nuestra mente o algo frente a nuestros ojos como tentación. Si elegimos seguir ese pensamiento o aquello que vemos, hemos pecado.

Satanás no va a tentarnos con lo que no responda a nuestros apetitos. ¿De qué le serviría tentarnos en un área en que no sentimos deseos? De nada. En cambio, nos pega allí donde ya tenemos deseos, apetitos o necesidades. Y luego hace crecer su tentación más, poco a poco. Comienza con pensamientos pequeños al principio, y nosotros sentimos que son «pensamientos inocentes». Pero pronto nuestro deseo ha crecido tanto que lo único que necesita hacer Satanás es darnos apenas un empujoncito y observar cómo cedemos por completo. Puede habernos convencido de que nos falta un elemento o actividad esencial que merecemos tener. Cuando esto suceda, ¡mucho cuidado!

Recuerde que aunque Satanás es un ser espiritual no tiene autoridad en el mundo espiritual. La batalla por quién ha de controlar nuestro espíritu se peleó ya hace mucho tiempo, y Satanás perdió. Así que la batalla por nuestro espíritu ha quedado atrás. Una vez que aceptamos a Jesucristo como nuestro Salvador, el diablo ya no puede hacer nada al respecto.

LA TENTACIÓN DE JESÚS

En el desierto Satanás tentó a Jesús en las áreas de los apetitos humanos. El deseo de Jesús era intenso en estas áreas; si Él hubiera sido como la mayoría de nosotros, fácilmente habría caído en las trampas del diablo. Cuando la Biblia dice: «No os ha sobrevenido ninguna tentación que no sea humana» (1 Corintios 10:13), podemos estar seguros de que Jesús fue tentado en el mismo nivel y en algunas de las mismas áreas en que somos tentados nosotros. Satanás no le presentó tentaciones fáciles de rechazar al Hijo del Dios. ¡Fue directo a la yugular! Conocía bien a Jesús y puso ante Él tres tentaciones que sabía que serían casi imposibles de resistir. Veamos cada uno de los apetitos humanos que Satanás usó para tentar al Hijo del Dios.

Primero, Satanás golpeó a Jesús con el apetito por la comida: «Y después de haber ayunado cuarenta días y cuarenta noches, [Jesús] tuvo hambre. Y vino a él el tentador, y le dijo: Si eres Hijo de Dios, di que estas piedras se conviertan en pan» (Mateo 4:2-3). ¿Alguna vez ha ayunado usted durante cuarenta días y cuarenta noches? ¿Puede imaginar lo hambriento que debía sentirse Jesús cuando se presentó Satanás?

Cuando el diablo vino a tentar a Jesús sabía exactamente dónde golpear para pegar con la mayor fuerza posible. Satanás sabía que

Jesús había estado ayunando, e inmediatamente lo tentó con la comida. Como Jesús era totalmente hombre y totalmente Dios, tenía las mismas necesidades y deseos físicos que tenemos nosotros. Todo cuerpo humano que haya pasado cuarenta días y noches sin alimentos sentirá un deseo extremadamente fuerte por la comida. Pero en lugar de ceder a sus necesidades físicas, Jesús se aferró a su necesidad espiritual de agradar a Dios.

Segundo, Satanás le presentó a Jesús la tentación del apetito por el prestigio: «Entonces el diablo le llevó a la santa ciudad, y le puso sobre el pináculo del templo, y le dijo: Si eres Hijo de Dios, échate abajo; porque escrito está: A sus ángeles mandará acerca de ti, y, en sus manos te sostendrán, para que no tropieces con tu pie en piedra» (Mateo 4:5-6). Todos queremos ser «alguien», ¿y qué mejor manera de probar que somos «alguien» que tener a diez mil ángeles que vengan a rescatarnos?

Solo podemos imaginar lo mucho que Jesús querría probarle a su archienemigo y al resto del mundo que Él era quien decía ser. Jesús sabía que Él era Rey de reyes y Señor de señores. Era el Creador de todas las cosas, el Redentor del mundo. Si eso fuera cierto con respecto a nosotros, querríamos sonar nuestra trompeta y gritar al mundo: «¡Mírenme! ¡Vean quien soy! ¡Adórenme!» Pero eso no estaba en el plan de Dios y por ello era una tentación que Jesús debía resistir, lo cual hizo sin negar quién es.

Finalmente, Satanás tentó a Jesús con dos de los apetitos humanos más potentes: el poder y las posesiones. «Otra vez le llevó el diablo a un monte muy alto, y le mostró todos los reinos del mundo y la gloria de ellos, y le dijo: Todo esto te daré, si postrado me adorares» (Mateo 4:8-9). Al ofrecerle a Jesús todos los reinos del mundo, Satanás le presentaba la oportunidad de ejercer su poder y autoridad aquí en la tierra. Ha de haber sido una idea agradable, al menos para el lado humano de Jesús. Él sabía que la mayoría de las personas sobre la tierra no entendían quién era en verdad. Le habría sido muy fácil decirse: «Si pudiera tener poder y autoridad sobre todos estos reinos, esa gente a quienes tanto amo tendrían la prueba que necesitan para creer en mí. Podría tener mucha más influencia desde tal posición de ventaja».

¿Cuán a menudo tomamos una sugerencia de Satanás y decidimos que tiene más sentido que el camino que Dios nos señala? Decidimos ayudar a Dios un poquito, porque después de todo «quizá no pensó en hacerlo de este modo». Puede sonar ridículo para muchos, pero es posible que recordemos pensamientos parecidos que hayamos tenido en más de una ocasión. Es muy fácil seguir buscando algo que parezca mejor que el modo que Dios nos muestra con claridad. Jesús debió resistir la tentación de lo que parecía bueno y recordar que el plan de Dios es el único camino.

Durante esta tentación, Satanás le presentó a Jesús no solo la oportunidad del poder y la autoridad en la tierra, sino además, posesiones. Esta es un área en que muchos de nosotros tenemos un punto débil. Satanás no le ofreció solo los reinos del mundo a Jesús, sino también «su esplendor». Esto significaba todas las riquezas, mansiones, autos, aparatos y dispositivos más modernos, y mucho más, todo a su alcance. Recuerde que Jesús era humano y tenía los mismos deseos que tenemos todos nosotros, uno de los cuales suele ser el deseo de adquirir. Aquí Satanás le presenta al pobre carpintero el premio mayor de la lotería. Tendría más dinero y posesiones de las que podría utilizar. Piense en cuán fácil habría sido para Jesús razonar que daría su diezmo (y quizá hasta un poco más), y que compartiría su riqueza con los pobres. Jesús podría haberse convencido a sí mismo de que utilizaría el dinero para cumplir con la voluntad de Dios. Pero Él sabía que esta no era la voluntad de Dios, y por ello se resistió a la tentación y le ordenó a Satanás que se retirara de su presencia.

Cuando vemos estas tentaciones, no podemos dejar de observar una gran falla en la estrategia de Satanás, una falla que nos muestra cómo nosotros también podemos obtener la victoria por sobre las tentaciones que se nos presentan. Satanás tentó a Jesús con cosas que ya tenía. Puso frente al Señor cosas que también podía sentir o tener por sí mismo. Si Jesús hubiera querido pasearse por Jerusalén en un Cadillac último modelo, podría haberlo hecho. Para Él el universo no tenía límites de tiempo y espacio. No había nada que Satanás pudiera ofrecerle que Jesús no pudiera ofrecerse a sí mismo. Todo lo que hicieron las tentaciones de Satanás fue intentar que Jesús viviera estas cosas a destiempo, en un momento en que no honraría a Dios.

Así sucede también con nosotros. Dios nos dará los deseos de nuestro corazón, pero no justo ahora. No en el momento en que los pedimos, y no en la forma en que pensamos que debieran venir. Dios no cumplirá nuestros deseos o apetitos en un instante, pero sí nos satisfará. Si buscamos satisfacción a destiempo, según nuestra agenda y no según su plan, no llegaremos a experimentar jamás cómo Dios satisface nuestra necesidad y nos provee en abundancia. Nunca conoceremos la satisfacción o la paz que sobrepasa todo entendimiento. Hoy Satanás le tentará con cosas que ya están disponibles para usted en Cristo. Pero el diablo le tentará a buscarle a él para encontrar satisfacción, y cuando usted lo haga, le destruirá con las mismas cosas que Dios quiere que usted tenga según su tiempo. Quizá haya tomado este libro porque está harto de que Satanás haga esto con su vida, una y otra vez. Cuando llegue la tentación, no piense en obtener satisfacción ya mismo. Piense en el honor de obtener de Dios los deseos de su corazón según su propio tiempo.

Entrega

Antes de entregarnos a Dios hacemos todo con nuestras propias fuerzas. El poder que no podía impedir el problema no será tampoco el que lo solucione. No podemos encontrar las respuestas que solucionen el problema en nuestra mente limitada y nuestra naturaleza de pecado. Nuestra vida quizá nos haya probado que lo que tenemos dentro y los remedios que intentamos usar no alcanzan para satisfacer nuestros apetitos ni para luchar por la libertad. Nuestra única esperanza es encontrar la victoria al entregarle nuestra vida a Dios. Admita ante Dios que el problema ya escapa a su capacidad de control. Crea que a Dios le importa usted, y que Él le dará su poder y cambiará su vida con ese poder. Luego deje que Dios actúe.

Entregarse significa que ya no tendremos que enfrentar el problema solos. Con Dios y con otros luchadores que nos acompañan, nuestros hermanos, obtenemos poder para pasar un día sin responder a nuestro apetito. O quizá un día entero sea demasiado tiempo. Quizá haya que tomar la vida de a horas, entregándonos más y más al control de Dios. Dispóngase a estar menos agitado por lo que no puede controlar y tenga el coraje de trabajar duro con lo que sí puede controlar. La entrega es el comienzo de la sanidad.

Entregarse a Dios es abandonarse, rendirse, no en derrota sino a una nueva forma de vivir que puede llevarnos a la satisfacción de todos nuestros apetitos. También nos devuelve el control de nuestra vida. Dios no podrá luchar esta batalla por nosotros. Él estará a nuestro lado, dándonos todo lo que necesitamos para alcanzar la victoria. Pero dependerá de nosotros la decisión de utilizar lo que Él ofrece y luchar hasta el final.

PARA PENSAR

A veces ayuda ver qué es lo que entraña una decisión. Le alentamos a utilizar la siguiente lista para evaluar su propia situación con respecto al apetito espiritual. Dedique un momento a estudiar estas dos listas. ¿El fruto de su vida demuestra su compromiso más importante?

Características del fruto prohibido	Características del Espíritu
Interés en satisfacerse uno mismo	Interés en agradar a Dios
Busca el placer para evitar el dolor	Busca a Dios para evitar la muerte
Presta atención a lo temporal	Presta atención a lo eterno
Confía en las mentiras de Satanás	Confía en la verdad de Dios
Esclavo	Libre
Adora a sí mismo, a ídolos o dioses	Adora solo a Dios
Piensa en cosas pecaminosas	Piensa en cosas que agradan al Espíritu
Lucha solo en contra de la necesidad	Lucha contra la necesidad con ayuda del Espíritu
Busca gratificación inmediata	Demora la gratificación
Carece de dominio propio	Exhibe dominio propio
Gobernado por los cinco sentidos	Gobernado por las Escrituras
Confía en sí mismo	Confía en el Espíritu Santo

Responda en el Espíritu

La Biblia ofrece al menos dos buenas ilustraciones de cómo podemos responder a la tribulación. Tres diferentes perspectivas pueden llevar a las personas a responder al mundo que les rodea de maneras muy distintas.[2]

Mientras vemos estos ejemplos, piense en dónde estaría usted ubicado. ¿Cuál de estas opciones representa sus decisiones y acciones? Primero, pensemos en la historia del buen samaritano de Lucas 10:30-37.

Como recordará, un hombre viajaba camino a Jericó cuando un grupo de ladrones le atacó, le robó y le dejó casi muerto a un lado del camino. Al rato pasó un sacerdote, y más tarde un levita que viajaba por la misma ruta. Cada uno de ellos, cuando lo vio, cruzó al otro lado del camino en lugar de ayudarlo. Finalmente, un samaritano que pasaba por allí lo vio y se detuvo para socorrerlo.

Al estudiar esta parábola podemos ver con claridad a qué parte de sí mismo seguía cada quién. Los ladrones obviamente tomaron su decisión basándose en egoísmos carnales y aspiraciones de gratificación personal. Solo les preocupaba cubrir sus propias necesidades y deseos. El sacerdote y el levita permitieron que les dominara su intelecto. Probablemente alteraron la realidad en sus mentes, diciéndose a sí mismos algo como: «Si cruzo al otro lado del camino podré convencerme, o al menos fingir, que nunca vi a ese hombre». Eran personas de prestigio y no habría sido adecuado que se ensuciaran ayudando a este hombre. «¿Qué pensaría la gente?» Luego pasó el samaritano, quien permitió que el Espíritu lo guiara en su decisión. Sabía que los judíos y los samaritanos eran prácticamente enemigos, y que la gente pensaría mal de él si se detenía a ayudar a este hombre. Pero viendo sus heridas y su sufrimiento consideró que esto era lo que más importaba. Hizo lo que Dios quería que hiciera sin pensar en las consecuencias. Fue esto lo que motivó al buen samaritano a ofrecer ayuda a un extraño que estaba en necesidad.

Al comenzar nuestra lucha contra nuestros apetitos, pronto veremos que tenemos tres opciones sobre cómo responder a la tentación. Primero: Podemos responder con nuestra carne, que se concentra en satisfacer los deseos a través del impulso y la gratificación inmediata. Nuestra carne se ve impulsada a actuar por reflejo, y presta atención al placer y la satisfacción de uno mismo. Segundo: Podemos responder a la tentación por medio del razonamiento y lo intelectual, lo cual nos brindará excusas y explicaciones que quizá alteren la realidad en nuestra mente para que nuestra decisión nos sea más aceptable. Tercero: Podemos responder a través del Espíritu que nos controla, lo cual implica buscar la solución de Dios al problema o la tentación, haciendo su voluntad. Al dejarnos guiar por el Espíritu y la voluntad de Dios, no pensaremos en las consecuencias.

Veamos otro ejemplo registrado en Juan, capítulos 18 y 19, que describe el juicio de Jesús. En resumen, Jesús había sido traicionado por Judas, arrestado por los soldados y llevado ante el sumo sacerdote. Luego fue trasladado ante Pilato, donde la multitud, los altos jefes y el sumo sacerdote lo acusaban a gritos y exigía que se le crucificara. Pilato habló con Jesús e intentó razonar con la multitud, porque no encontraba culpa en Él. Pero la ira de la muchedumbre aumentaba mientras Pilato seguía buscando cómo salir de esta incómoda situación. Finalmente, Pilato lo entregó para que lo crucificaran. Todo el tiempo, Jesús hizo lo que su Padre quería: rindió su voluntad a la voluntad del Padre, aun hasta la muerte.

En esta ilustración, al igual que en la primera, se pueden identificar las diversas respuestas. La multitud, los soldados, el sumo sacerdote y Judas siguieron sus propios motivos y necesidades egoístas. Les interesaba solo lo que ellos querían e hicieron lo que fuera necesario para obtenerlo ¡ya! No se les podía aplacar, demorando su deseo o razonando con ellos. Pilato, por otra parte, respondió al aspecto intelectual de su ser. En más de una ocasión buscó que Jesús le diera una razón para que no lo crucificaran, pero Él no la dio. Pilato también intentó razonar con la multitud y hasta les ofreció un sustituto con la esperanza de saciar su sed de sangre, pero ellos no lo aceptaron. Llegó a este conflicto a partir de diversos ángulos intelectuales, pero de nada sirvió.

Finalmente, está Jesús. Él es nuestro mejor ejemplo. Siguió al Espíritu, dejando que le guiara, e hizo lo que Dios le había pedido hacer sin que importaran las consecuencias. Jesús quería ser obediente a su Padre al punto de estar dispuesto a morir si fuera necesario... y lo fue.

Si hemos de ganar la batalla contra nuestros apetitos, no debemos responder al impulso de la carne haciendo lo que nos indica. Y debemos dejar de intentar cambiar la realidad con excusas o explicaciones, como nos lo indica nuestro intelecto. Debemos aprender a vivir bajo el control del Espíritu Santo, haciendo siempre y ante todo lo que Dios quiere que hagamos.

¿Cuáles son estas herramientas, estas técnicas de sufrimiento, estos medios de experimentar el dolor de la tribulación de forma constructiva que yo llamo disciplinas? Son cuatro: la demora de la gratificación, la aceptación de la responsabilidad, la dedicación a la verdad y el equilibrio... son herramientas simples, y casi todos los niños saben utilizarlas cuando alcanzan la edad de diez años. Sin embargo, los presidentes y los reyes suelen olvidar utilizarlas, para desmedro de su posición.

—M. Scott Peck, *The Road Less Traveled*
(El camino menos transitado)

8

CAMINOS NUEVOS

Aprender a mantener nuestros apetitos y por lo tanto nuestra vida bajo control requiere de la comprensión de los conceptos del equilibrio y la moderación. La Biblia nos dice: «Aquel que a *Dios teme*, saldrá bien en todo» (Eclesiastés 7:18). Otras versiones de la Biblia indican a través de este versículo que el hombre que teme a Dios evitará todo extremo. Piense en lo que sería la vida sin moderación. ¿Alguna vez ha intentado mantener un balancín en equilibrio? Si lo ha hecho, pronto habrá observado que no puede hacerlo si se para en uno de los extremos. Solo cuando avanza por el tablón y se para en medio puede lograr mantenerlo en equilibrio. Cuando más se acerque al punto medio, tanto más fácil será lograrlo. Pero cuando llega al centro, si sigue avanzando hacia el otro extremo, volverá a perderse el equilibrio.

La vida es como un balancín en el que la moderación es el punto de equilibrio. Si nos paramos, o vivimos, en uno de los extremos no tendremos sentido del equilibrio en nuestra vida. Así que en cuanto a la vida, ¿cuál será exactamente el punto extremo a un lado y al otro? De un lado está la indulgencia excesiva, y del otro está la restricción total. Vivir en indulgencia excesiva o en total restricción de nuestros apetitos dados por Dios, los cuales son por naturaleza saludables y apropiados, nos llevará a perder el equilibrio en la vida.

121

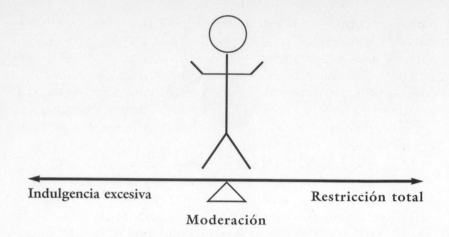

Indulgencia excesiva   Restricción total

Moderación

Restricción total

Hay elementos en nuestras vidas que debemos intentar *restringir totalmente*. Dichos deseos han sido distorsionados por nuestra naturaleza de pecado, y comprometernos con ellos en *algún* grado será destructivo e incorrecto: los deseos por cosas o actividades como la pornografía, el sexo ilícito y las drogas ilegales.

Veamos ahora una vida regida por la total restricción de nuestros apetitos saludables. Todos alguna vez hemos intentado restringir alguna sustancia o actividad en nuestra vida, de las cuales la más común es la comida. A juzgar por las estadísticas, pareciera que no estamos restringiendo nuestra ingesta de comida como suponemos.[1] Como hay tanta gente con sobrepeso, encontraremos personas a diario que están restringiendo la ingestión de alimentos de alguna manera u otra. Quizá restrinjan su consumo de grasas, de calorías, de azúcares o de carbohidratos. Pero si estas dietas se llevan al extremo de la restricción total, habrá consecuencias negativas. Nuestro organismo necesita una combinación de vitaminas y minerales que provienen de diversos tipos de alimentos. Restringir por completo el consumo de un grupo de alimentos hará que al organismo le falten los nutrientes que requiere, causando daños en nuestro cuerpo.

Otra consecuencia negativa de la restricción total de cualquier apetito natural, incluyendo el apetito por la comida, es la sensación de carencia que puede llevar a un deseo más fuerte por la sustancia que se niega. Nos debilitamos emocional y espiritualmente, y

Satanás encuentra un punto de apoyo para tentarnos. Si continuamos con la restricción total es posible que en algún momento no solo cedamos a la tentación, sino que además nos excedamos con relación a ella. Por lo tanto, es por medio de nuestro intento de controlar totalmente o restringir nuestros apetitos que llegamos de veras al punto de perder el control. Para cuando cedemos a la tentación, nuestros apetitos se han convertido en bestias hambrientas que pedirán más y más para poder saciarse.

El ciclo se hace automático. Buscamos dominar nuestros apetitos, lo cual nos lleva a condiciones extremas de restricción total. Cuando esto continúa, nuestros apetitos aumentan y piden satisfacción a gritos. Al final nos entregamos al punto de llegar al exceso. Es esta sensación de fracaso ante el intento de dominar nuestros deseos lo que nos lleva a sentir culpa. En nuestra mente estamos decididos a dominar nuestros apetitos. Y el ciclo comienza otra vez, pero con un hueco aun más profundo para llenar a causa de la culpa, la baja autoestima y la sensación de fracaso. En tanto continúe este ciclo, nos hará falta más y más de la sustancia que deseamos para intentar llenar el vacío. Y los apetitos que alguna vez fueron buenos y saludables se convierten en algo destructivo.

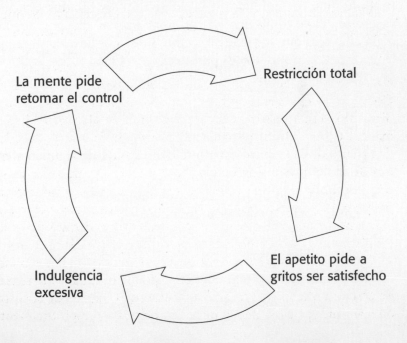

La mente pide retomar el control

Restricción total

El apetito pide a gritos ser satisfecho

Indulgencia excesiva

Aunque este es el ciclo en el que suelen caer la mayoría de las personas que intentan dominarse a través de la restricción total, hay un pequeño porcentaje de la población que llevará la restricción al extremo. La persona que lucha contra el apetito por la comida y lleva la restricción al extremo acabará por sufrir de anorexia, lo cual ocurre cuando uno deja de comer casi por completo. Si esta conducta persiste, la persona morirá de inanición. La enfermedad puede llevar a la muerte si no es tratada.

Es cierto que hay algunas cosas que caen dentro de esta categoría de «restricción total» para algunas personas pero no para otras, como sucede con el alcohol y ciertos tipos de alimentos. La persona quizá deba restringir el consumo de alcohol o de algún alimento por razones de salud, por problemas de adicción o historia familiar. Pero en general, nuestros deseos nos han sido dados por Dios con el propósito de que los disfrutemos y sintamos con moderación, no para que los eliminemos por completo.

EXCESIVA INDULGENCIA

Del otro lado del balancín está la *indulgencia excesiva*. Este concepto no es difícil de entender si usted vive en los Estados Unidos. El exceso se define como una «parte que pasa más allá de la medida o regla, una cosa que se sale de los límites de lo ordinario o lícito».[2] El lema de los estadounidenses pareciera ser: «Cuanto más, mejor», no importa de qué se trate. Vea estas estadísticas:

- Los índices de obesidad han llegado a su máximo: más del treinta por ciento de los adultos son obesos.[3]

- Uno de cada cinco estadounidenses sufre de alguna enfermedad de transmisión sexual.[4]

- Dependiendo de la edad, los estadounidenses ven unas tres a cinco horas de televisión cada día.[5]

- Hoy, las adicciones afectan al treinta por ciento de las familias estadounidenses.[6]

- En el año 2001 se registraron 1,452,030 bancarrotas personales.[7]

- El hogar promedio tiene 16.7 tarjetas de crédito con saldos promedio de casi nueve mil dólares por hogar.[8]

- El crédito de los consumidores ha llegado al máximo de todos los tiempos, sobrepasando el diecinueve por ciento de los ingresos personales.[9]
- Hay más automóviles registrados que conductores con licencia.[10]

El problema no está en disfrutar del placer. El problema surge cuando buscamos el placer sin restricciones al punto de olvidar todo lo demás y ya no pensar en las consecuencias... al menos de momento. Es entonces que estamos absortos, adorando a un ídolo. Esto es indulgencia excesiva.

La vida de indulgencia excesiva es una vida llena de pecado. Dios nos habla a menudo acerca de participar en las actividades según sus reglas, ejerciendo la moderación y el dominio propio. Y nos habla de la necesidad de restringir nuestras conductas en determinadas áreas, cuando se oponen a sus mandamientos o cuando nuestra participación pudiera causar tropiezo a un hermano espiritual (1 Corintios 8; 10:23-32; Gálatas 5:16-21). En ningún lugar de las Escrituras nos da Dios permiso para la indulgencia excesiva en las cosas de este mundo. No hay actividad, sustancia o deseo en esta tierra que no pueda convertirse en pecado cuando se trata de excesos. La razón ya no es la que domina, por lo cual nuestro deseo de consumir es el que nos controla.

Hay cada vez más personas con problemas de consumo compulsivo que recurren a las oficinas de consejería y que llaman a *New Life Live*. Comprar se ha convertido en una actividad fuera de control. En algunos casos, la gente gasta tanto que llega a poner en peligro su relación, su matrimonio y hasta su vida. Aquí presentamos algunos ejemplos muy serios:

- Una mujer casada de mediana edad ha acumulado una deuda de decenas de miles de dólares con su tarjeta de crédito por mirar continuamente los canales de venta por televisión. Está sola y deprimida y trata de utilizar objetos para llenar el vacío que siente. Nos dice que siente la compulsión de comprar más y más, aunque cuando obtiene lo que compró debe esconderlo para que su esposo no lo vea. Su matrimonio está en peligro, lo mismo que su autoestima, después que su esposo ha descubierto todo, como era de esperar.

- Una mujer soltera de unos cuarenta y cinco años vive de la ayuda social y los cupones de comida. Sus recursos económicos son tan limitados que vive una sensación crónica de carencia. Aunque su presupuesto indica que puede cubrir los gastos, cada mes su cuenta de banco muestra un sobregiro importante. Ella afirma que no puede controlar el impulso de comprar y consumir, y que le han cancelado la cuenta en el banco. Está en peligro de ser desalojada de su casa si no puede dejar de comprar cosas.

El problema de vivir la vida en uno de los dos extremos es que nos encontraremos saltando de un extremo al otro en nuestro fútil intento por encontrar el equilibrio. No importa desde qué extremo se entre en el ciclo (restricción total o indulgencia excesiva), este será siempre igual y se volverá cada vez más destructivo si no lo detenemos.

Busque el equilibrio

Somos libres de hacer lo que nos plazca, sea para la indulgencia o la restricción de nuestros deseos y apetitos. Esto es así porque Dios nos ha dado la posibilidad del libre albedrío. Las Escrituras se refieren con claridad al tema de la libertad en Cristo: «Si bien la vianda no nos hace más aceptos ante Dios; pues ni porque comamos, seremos más, ni porque no comamos, seremos menos» (1 Corintios 8:8).

Nuestro cerebro busca restaurar el equilibro para lograr el bienestar físico y emocional. Cuando sentimos una emoción intensa, como la ira, la ansiedad o la tristeza, el cerebro envía señales al cuerpo para que busque el modo de recuperar el equilibrio. Comenzará utilizando el entrenamiento que le hayamos dado según las experiencias anteriores. El cerebro recuerda que una actividad en particular dio lugar a un cambio químico que recuperó el equilibrio en un momento dado. Si la conducta que nos devuelve el equilibrio no es saludable, entonces tendremos que buscar nuevos caminos para conseguirlo.

Lo que queremos y lo que necesitamos

Vivimos en una sociedad que nos ha llevado a la confusión entre lo que necesitamos de veras y lo que solamente queremos. Nos bombardean cada día con propagandas que intentan convencernos de que necesitamos un nuevo auto, dientes más blancos, un color de cabello diferente, el último dispositivo electrónico o la cura mágica para bajar de peso. Los comerciales y los carteles o avisos en las revistas rara vez promocionan algo que de veras necesitamos.

Las compañías intentan convencernos de que lo que queremos es en verdad lo que necesitamos con desesperación. Si vemos y oímos todo esto con la frecuencia que haga falta para convencernos, terminamos creyendo que es verdad. (Esto es lo que los publicistas tienen en mente.) Nuestra sociedad se alimenta de nuestros deseos, y en muchos casos, los crea. Con el tiempo, a medida que alimentamos estos deseos, crecen y crecen. Al final llegamos a creer que son cosas que *necesitamos*.

Cuando esto sucede, comenzamos a pensar más y más en la supuesta necesidad, lo cual alimenta nuestro apetito y concentra nuestra atención aun más en ese deseo de satisfacer nuestro apetito. El deseo crece y se nos hace más difícil dominar nuestro apetito. Quizá lleguemos al punto de convencernos de que nuestras necesidades son diferentes a las de otras personas. La racionalización es un gran mecanismo de defensa que nos permite obtener lo que queremos sin sentir culpa alguna.

Pero la pregunta es: ¿Cómo podemos llegar a dominar nuestros deseos si son inevitables? Presentamos una lista de sugerencias y prácticas que obtuvimos de diversas fuentes, a la que hemos agregado ideas propias.[11]

Practique la moderación. La moderación es, por supuesto, la mejor estrategia para aprender a dominar sus apetitos en lugar de que sus apetitos lo dominen a usted. Buscar la moderación en lugar de la indulgencia excesiva o la restricción total para los apetitos no destructivos le llevará a encontrar el equilibrio. En verdad, la indulgencia moderada, antes de que el apetito se vuelva demasiado intenso, nos ayuda a evitar el exceso. Por ejemplo, quizá se permita ver una hora de televisión al día y luego apague el televisor en lugar de estar sentado frente a este durante toda la noche. O piense que sería mejor comer algo antes de sentirse muerto de hambre, porque si se priva de los alimentos al punto de llegar a sentir mucha hambre es más probable que coma excesivamente. Los apetitos saludables se satisfacen con la sustancia o actividad por la que sentimos deseo. Los sustitutos por lo general no funcionan. Así que, si no es destructivo para usted o para los demás, piense en cómo satisfacer ese deseo con moderación. Por ejemplo, si lo que quiere es helado, y come apio, su apetito no se verá satisfecho. Piense entonces en comer un pote pequeño de helado en lugar de un balde grande.

A lo largo de los años ha habido muchos estudios sobre cuáles son las claves para bajar de peso. No hay una dieta en particular que logre controlar el apetito, ni un plan que funcione para la mayoría de las personas por igual. Pero cuando uno ve el pequeño porcentaje de personas que sí logran perder peso y mantener la línea, descubre que tienen en común una estrategia. No se trata de pasar mucho tiempo sin comer, nada de eso. Simplemente logran reducir la ingestión de comida y son firmes en su determinación. Quienes logran perder peso y mantener la línea han llegado a un lugar diferente en sus emociones y su espíritu. Ya no piden tanta comida porque reciben más satisfacción de Dios y de sus amigos. Como resultado, han aprendido a comer porciones más pequeñas y evitan los excesos porque se satisfacen con menos. Lo que funciona con la comida servirá para otras áreas. Pero el gran dilema está en que es difícil disciplinarnos.

Hable consigo mismo. Todos lo hacemos, aunque no lo admitamos. Aprender a hablar con nosotros mismos para beneficio propio puede mejorar nuestras posibilidades de éxito al luchar por dominar nuestros apetitos. Aprenda a pelear contra los antojos. Esto implica utilizar el enojo para beneficio propio. Enójese con el antojo, especialmente si se trata de algo poco saludable o inadecuado. En lugar de enojarse consigo mismo por sentir este antojo y ceder ante él, enójese antes de ceder. Dirija su enojo a la fuente, no hacia sí mismo. Enfréntese con sus apetitos si es necesario para volver a darle un lugar a la razón. Cuando nos dedicamos activamente a mantener una conversación con nosotros mismos tenemos menos posibilidades de caer en la trampa de actuar sin pensar. Porque además de pensar, cuando hablamos con nosotros mismos también estamos decidiendo que esto es lo que queremos creer.

También podemos hablar con nosotros mismos para recompensarnos por haber logrado dominar un apetito que parecía estar controlándonos. Felicítese por su buen trabajo y archive sus éxitos en la memoria para utilizarlos cuando necesite aliento en batallas futuras.

Interrumpa los pensamientos. La interrupción del pensamiento es el proceso de aprender a dominarnos. No importa si estamos prestando atención, nuestro cerebro siempre está pensando en algo. Habrá notado esto cuando parece tener una canción pegada en su mente. Aunque no esté pensando en algo en especial, cantará la canción en su mente una y otra vez. Hasta quizá se sienta molesto y trate de apartarla, pero hallará que esta vuelve a rondar su mente después de un rato.

Nuestra mente siempre está pensando. Nunca está del todo quieta, y por ello buscará pensamientos pasados para llenar espacios vacíos. Es por eso que la canción vuelve una y otra vez. Cuando aquietamos nuestra mente, inmediatamente volverá al último pensamiento prominente para volver a repasarlo. Cuando hemos estado luchando activamente contra un apetito en particular, el último pensamiento prominente probablemente esté relacionado con este apetito. Este es el proceso que nos tortura y nos hace finalmente ceder al apetito que intentamos dominar. Al final nos damos por vencidos.

Interrumpir los pensamientos es algo que podemos hacer apenas nos volvemos conscientes de que estamos pensando en algo que queremos erradicar (no podemos controlar los pensamientos subconscientes). Así que, apenas identifique un pensamiento negativo o dañino, simplemente diga «basta» en voz alta si quiere (2 Corintios 10:5). Sea firme y fuerte. Está dominando sus pensamientos, así que no sea débil. La clave para el éxito de este proceso es lo que sucede después. Si dice solo «basta» y sigue con lo que estaba haciendo, su mente se aquietará otra vez y el pensamiento del apetito regresará.

Después de haber logrado controlar este pensamiento interrumpiéndolo, tendrá que elegir en qué pensar. Si no reemplaza este pensamiento con otro más saludable, no habrá servido de nada la interrupción del pensamiento anterior. Puede reemplazar el pensamiento negativo con lo que sea, pero ha de ser algo positivo: su canción favorita, un poema, un versículo, una oración de alabanza, un recuerdo de la infancia, los planes para sus próximas vacaciones… lo que sea.

Este patrón de interrupción del pensamiento negativo y su reemplazo por un pensamiento positivo es un ciclo que repetirá una y otra vez hasta que logre volver a entrenar su mente. Sin embargo, la buena noticia es que con el tiempo habrá reemplazado un pensamiento negativo por uno positivo tantas veces, que la próxima vez que su mente se aquiete y busque el último pensamiento prominente descubrirá que surgen los pensamientos positivos que había estado utilizando. Cuando esto suceda, habrá reentrenado su mente para pensar diferente.

Eleve su temperatura corporal. Esta puede ser una de las suge-rencias más sencillas, pero funciona. Es cierto que aumentar la tem-peratura corporal puede satisfacer la mayoría de los antojos. Así que vaya al aire libre y muévase. Su temperatura corporal aumenta con la actividad. Usted puede querer entonces salir a caminar, correr, hacer gimnasia o dar vueltas por el parque. Lo que sea que haga causará que su ritmo cardíaco aumente, y esto le ayudará no solo a ignorar, sino a satisfacer su antojo.

Mímese. Esto forma parte del entrenamiento de su mente para que obtenga satisfacción de actividades nuevas y diferentes. Su cere-bro aprende y recuerda actividades que le causan placer para poder recurrir a ellas en momentos de tensión. Este utiliza el placer que deriva de estas actividades para recuperar el equilibrio interno. Si la actividad que le ha estado dando placer es justamente algo que ahora desea dominar, ¿qué mejor que hacerlo con otra cosa que le propor-cione placer? Para lograrlo, podrá utilizar cualquier cosa que le cause satisfacción y placer que no sea dañina para usted o para los demás.

Distráigase o demore la decisión. Esta táctica se apoya en el hecho de que la mayoría de los antojos durarán solo unos minutos. Así que, si puede hacerlo, demore la decisión de actuar según el antojo que siente durante quince o treinta minutos y luego vea si todavía siente este deseo. Asegúrese de divertirse o distraerse mien-tras demora la decisión, porque de lo contrario estará mirando el reloj a todo momento para que pase el tiempo y pueda decidir qué hacer. Si se ocupa en otra cosa, y después de treinta minutos sigue deseándolo, vaya y disfrútelo con moderación. A veces no podemos vencer al apetito esperando que desaparezca, así que si no es des-tructivo, esta es una de esas ocasiones en que la indulgencia mode-rada nos ayudará.

Ocúpese de controlarse. Controlar nuestros antojos y deseos tiene relación con el conocimiento que tengamos de nosotros mismos. Pregúntese qué es lo que siente antes de ceder a un antojo. A menu-do, los antojos enmascaran una emoción negativa que preferimos no sentir. Puede ser ira, depresión, ansiedad, aburrimiento, soledad, o cualquier otra emoción. Una vez que haya identificado el sentimien-to que está detrás del impulso, podrá expresar sus sentimientos con mayor aptitud en lugar de intentar ignorarlos o suplantarlos con otra cosa esperando que desaparezca el sentimiento negativo. Cuando aprenda a expresar sus sentimientos, los antojos dejarán de ser su parachoques emocional y volverán a servir al propósito para el que Dios nos los dio.

Manténgase en compañía de Dios. Cuando sentimos un apetito que debemos satisfacer, tenemos la opción de encontrar cómo alimentarlo. Casi todos nuestros apetitos tienen algo en común: buscan responder a la carne. Sin embargo, tenemos otra opción: la de alimentar nuestro espíritu y fortalecernos desde adentro. Cuando pasamos tiempo en compañía de nuestro Padre Celestial ganamos sabiduría y entendimiento, así como también nos hacemos más fuertes en el espíritu, logrando utilizar mejor los recursos que Él ha puesto a nuestra disposición. Por medio de este crecimiento podremos entender y usar mejor las armas que Él nos da para pelear la buena batalla y estar firmes frente a la tentación.

De todas estas sugerencias, esta última es la más efectiva. Cuando pasamos tiempo leyendo la Palabra de Dios, en su compañía, con otros creyentes y sirviendo a los demás, nos abrimos a la satisfacción perdurable que saciará cualquier antojo o deseo que podamos sentir. Tendremos responsabilidad instantánea, estructura y apoyo al mantenernos rodeados de su iglesia. Tenga en cuenta este pensamiento mientras continuamos hacia el siguiente capítulo y descubrimos cómo cultivar un apetito por lo divino.

Alternativas saludables para el apetito no saludable

Cada una de las siguientes actividades alternativas es un modo saludable de satisfacer nuestros deseos naturales, edificándonos, dándonos placer y satisfaciendo nuestros apetitos. Ninguna de ellas le hará sentir culpable ni tendrá necesidad de buscar el perdón luego de practicarlas.[12] Al ocuparnos en actividades que disfrutamos le damos al cerebro un repertorio de actividades placenteras a las que podrá recurrir en momentos de angustia o tensión. Recuerde que la moderación es el objetivo de todas las actividades. No intentará reemplazar la obsesión o la indulgencia excesiva con otra actividad.

1. Haga ejercicio: Esta es quizá la alternativa más saludable que podamos imaginar. El ejercicio, además de ser el reductor de estrés número uno, controla el apetito, aumenta la energía y la temperatura corporal, libera endorfinas y mejora la calidad del sueño. El ejercicio físico es la forma más natural de llegar a sentir bienestar o satisfacción.

2. Escuche música. La música ha demostrado causar una gran cantidad de estados emocionales en quienes la escuchan. Cuando necesite relajarse, escuche música tranquila. Si necesita energía, encuentre algo con ritmo que le haga sentir con ganas de moverse. Conozca sus estados de ánimo y sus necesidades y descubrirá que la música puede tener un papel importante en la tarea de lograr un estado emocional positivo.

3. Haga que le den un masaje. No solo es una manera maravillosa de mimarse, sino que además tiene diversos beneficios. Los masajes dan una sensación de paz y relajación, disminuyen el estrés y la ansiedad y reducen la presión sanguínea. Un masaje también ayudará a mejorar su autoestima porque está reconociendo que merece malcriarse. Y el beneficio final del masaje es que ayuda a satisfacer nuestra necesidad humana básica de ser tocados con afecto.

4. Tome un baño. Prepare un baño de espuma o utilice alguna aromaterapia. Un baño tibio y relajante le dará placer y tranquilidad.

5. Lea. Dedique tiempo a leer un bueno libro, una historia inspiradora en una revista, o hasta la página de deportes o los chistes en el periódico. Lo que disfrute será personal, así que no crea que debe compararse con otras personas. Encuentre qué es lo que le gusta leer y comience a leerlo con la mayor frecuencia posible.

6. Tenga descanso y relajación. Encuentre maneras divertidas de descansar y relajarse, y hágalo más a menudo. Habrá cosas que podrá hacer a diario o semanalmente que le ayudarán a dejar atrás la tensión del mundo. Sin embargo, creemos que también es importante poder escaparse por unos días. Las vacaciones sí marcan una diferencia en nuestra perspectiva de la vida y nuestros pensamientos. ¿Cuánto hace que no se toma un descanso en serio?

7. Ore y medite las Escrituras. El tiempo personal de oración y meditación en la Palabra de Dios hace que encontremos la «paz que sobrepasa todo entendimiento». Pasar tiempo en presencia de Dios nos recuerda quiénes somos y cuánto nos ama Él. ¡Esto nos hará sonreír! Las Escrituras nos dicen que Jesús solía apartarse en soledad para orar (Mateo 14:23, 26:36-44; Marcos 1:35, 6:46; Lucas 5:16, 9:28-29; Juan 17). Las Escrituras nos dicen que debemos orar continuamente (1 Tesalonicenses 5:17; Efesios 6:18), que debemos dedicarnos a la oración (Colosenses 4:2), que debemos orar para poder evitar las tentaciones (Lucas 22:40), y que cuando no sabemos qué decir, el Espíritu intercederá en nuestro favor (Romanos 8:26-27). También se nos instruye a llevar todo ante Dios en oración (Filipenses 4:6), y a orar cuando estamos en problemas (Santiago 5:13).

8. Hable con un amigo o un terapeuta. No solo le ayudará a reducir su tensión el tener un confidente que le brinde alivio, sino que además se sentirá más conectado a otro ser humano.

9. Lleve un diario. Pase tiempo en soledad, solo para consultar sus pensamientos y sentimientos. Luego tómese un tiempo para anotar en un diario qué está sucediendo en su vida y qué siente. Esto le ayudará a ir conociendo mejor lo que sucede en su mente y su corazón. Cuando haya expresado por escrito sus pensamientos y sentimientos, le será más fácil entenderlos y controlarlos.

10. Aprenda a respirar profundamente y a relajarse. Aprender a relajarse mediante la respiración profunda y la relajación le ayudará a reducir la tensión y el estrés. Sin embargo, si quiere que la respiración profunda funcione, deberá utilizar su diafragma como lo hacen los cantantes profesionales. Al respirar de este modo encontrará que su abdomen se mueve, no su pecho. Esta es la forma natural. Los bebés respiran levantando y bajando su abdomen, no el pecho. Así es como hemos sido creados. Pero al crecer, en algún momento se nos dijo que había que «sacar pecho y esconder la barriga», por lo que dejamos de respirar naturalmente. La respiración diafragmática nos da una sensación de relajación interna. ¿Por qué no comienza a ponerla en práctica hoy mismo?

11. Participe del discipulado. El discipulado implica crecer en sabiduría y conocimiento de Dios por medio de las reuniones con otros creyentes. Esto implica más que la participación pasiva y silenciosa. Es la compañía de otros creyentes lo que hace que nos edifiquemos mutuamente, ayudándonos y estudiando la Biblia. El discipulado tiene como propósito el crecimiento espiritual y nos da un sentido de conexión y pertenencia que todos necesitamos.

12. Haga algo por otra persona. Dar y hacer cosas por los demás eleva nuestro espíritu y nos da una sensación de placer mucho más eficaz que cualquier otra cosa. Cuando nos entregamos con altruismo, nos concentramos en qué hacer por los demás. Dejamos de pensar en nosotros mismos para pensar en otros, y eso siempre es un buen lugar para estar. Hay otro producto relacionado con el altruismo que va más allá del sentimiento que tendremos por dar y ayudar a quienes nos rodean: al dar descubrimos que somos útiles y tenemos algo para ofrecer. Comenzamos a sentirnos más valiosos... y esto alimenta nuestra autoestima.

13. Ría. La risa es una buena medicina, especialmente si la utilizamos para reducir la tensión y aumentar el placer en la vida. La risa es la expresión natural del placer y la diversión. Cuando más podamos reír, mejor nos sentiremos física y emocionalmente.

14. Encuentre un pasatiempo. Si no tiene un pasatiempo, encuentre alguno que le agrade. Y si ya tiene uno, comience a dedicarle más tiempo. Dedique el tiempo para hacer las cosas que le gusten con regularidad. A menudo nos ocupamos tanto con el trabajo y las obligaciones cotidianas que dejamos de lado nuestros entretenimientos y hasta los olvidamos del todo. Los pasatiempos nos dan placer, y si hemos de tener éxito en dominar nuestros apetitos debemos utilizar todas las fuentes de placer que podamos encontrar. Así que tome los palos de golf, o los pinceles, las agujas de tejer o las cañas de pescar, y vaya a divertirse un rato.

15. Asista a una reunión. En lugar de entrar en Internet para ver pornografía o cargar su tarjeta de crédito con cosas que no necesita, levántese de la silla y vaya a una reunión. Llame a una iglesia y averigüe cuándo se reúnen sus grupos de apoyo. O llame a Información y pida el número de Alcohólicos Anónimos. Averigüe cuál es la sede más cercana. Se sorprenderá ante lo que puede hacer una reunión por usted. Reunirse con otras personas que también están luchando y ver cómo Dios obra en sus vidas le ayudará a creer que él también está obrando en la suya. Al menos esto es lo que hicieron las reuniones en mi vida (Steve). Estaba en un momento muy malo de mi vida cuando un amigo me llevó a una reunión de los doce pasos. Allí estaba yo, sentado, sin hablar. No había nada sensacional ni dinámico, pero cada una de las personas que habló dijo algo sobre su vida. Al escucharlos me di cuenta de que teníamos mucho en común. Luego compartieron el modo en que Dios obraba en sus vidas, y llegué a ver que también debía estar obrando en la mía en medio de mi desesperanza. No hace falta ser miembro para ir a las reuniones. Haga lo que yo, y solo observe. Para cuando termine la reunión, es muy posible que haya notado que puede mejorar su vida.

Más bien, busquen primeramente el reino de Dios
y su justicia, y todas estas cosas les serán añadidas.

—Mateo 6:33

9

CÓMO CULTIVAR UN APETITO DIVINO

D ios es la clave para todo éxito que podamos tener en cuanto al dominio de nuestros apetitos. Él ha de ser su fuente de energía, su piloto y ante todo, su fundamento si usted quiere ser una nueva criatura. Dios ha de ser la fuerza detrás de todo lo que haga, el que dirija y controle su rumbo, el cimiento sobre el que construya su vida.

¿Por qué es tan importante Dios? ¡Porque Él es la vida! Jesús dice en Juan 11:25-26: «Yo soy la resurrección y la vida; el que cree en mí, aunque esté muerto, vivirá. Y todo aquel que vive y cree en mí, no morirá eternamente». Y en Juan 15:5 Jesús se describe a sí mismo como la Vid, y a nosotros como las ramas. La vida fluye a través de Él, y apartados de Él nada podemos hacer. Jesús es la parte más importante de todo lo que hagamos, pensemos, sintamos y digamos.

Charles Allen, en *God's Psychiatry*, escribe que «hemos sido creados incompletos ... y no encontramos descanso hasta que se satisfaga nuestra hambre más profunda ... el anhelo de nuestras almas».[1] ¿Qué es lo que anhela su alma? ¿Qué es lo que finalmente le dará descanso? La respuesta está en las Escrituras:

- «Anhela mi alma y aun ardientemente desea los atrios de Jehová; mi corazón y mi carne cantan al Dios vivo». *Salmo 84:2*

- «En Dios solamente está acallada mi alma». *Salmo 62:1*

- «Como el ciervo brama por las corrientes de las aguas, así clama por ti, oh Dios, el alma mía». *Salmos 42:1*

- «Mas el que bebiere del agua que yo le daré, no tendrá sed jamás; sino que el agua que yo le daré será en él una fuente de agua que salte para vida eterna». *Juan 4:14*

- «Yo soy el pan de vida; el que a mí viene, nunca tendrá hambre; y el que en mí cree, no tendrá sed jamás». *Juan 6:35*

Este profundo anhelo que sentimos es por Dios, nuestro Creador. Este anhelo solo podrá satisfacerse con una relación personal con Jesucristo a través del alimento y el agua espiritual que Él nos ofrece.

BUSQUEN PRIMERO...

Dios sabe que lo necesitamos, y promete cubrir todas nuestras necesidades si lo buscamos primero a Él.

Cristo se refiere a todas las cosas de este mundo que tan a menudo buscamos en lugar de buscar primero a Dios. Son cosas por las que la mayoría de nosotros solemos preocuparnos, pasando mucho tiempo entregados a pensar en ellas. Cuando las cosas de este mundo están primero en nuestra lista de prioridades, nunca estaremos satisfechos, y por lo tanto, jamás llegaremos a tener ninguna otra cosa en la lista. Ya no tenemos tiempo ni libertad de buscar otras cosas por las que sentimos hambre. Y cuanto más griten las prioridades mundanas por encontrar satisfacción, tanto más ahogan el llamado del Espíritu Santo para que nos acerquemos a Él. Estos apetitos fuera de control empiezan a robarnos la vida, la compañía de Dios. Y cuando esto sucede, nuestra mayor necesidad, la de estar con Dios, se ve insatisfecha y el vacío en nuestro interior aumenta y duele cada vez más.

¡Sin embargo, hay esperanza! Si primero satisfacemos nuestro apetito por Dios, todas nuestras demás necesidades y apetitos se verán satisfechos. Es cuando Dios no es nuestra prioridad número uno que todo pierde su equilibrio. Ese vacío que sentimos dentro es del tamaño de Dios. Jesús dice que Él lo llenará en abundancia y que seremos satisfechos cuando lo busquemos a Él primero.

A diferencia del apetito físico por la comida, nunca tendremos suficiente cuando buscamos a Dios. El hambre física nos indica que debemos comer, y cuando lo hacemos nos satisfacemos. Una vez que sentimos saciedad, ya no queremos más comida hasta volver a sentir apetito. En realidad, hasta nos resulta desagradable el olor de la comida cuando estamos saciados. Proverbios describe este fenómeno físico: «El hombre saciado desprecia el panal de miel; pero al hambriento todo lo amargo es dulce» (27:7). No obstante, este no es el caso con nuestro apetito espiritual.

Aunque nuestro apetito por Dios se vea satisfecho, este también se intensifica. Él nos satisface, pero igual queremos más. Mateo 4:6 dice: «Bienaventurados los que tienen hambre y sed de justicia, porque ellos serán saciados». Hay una bendición en este anhelo por Dios. Para muchas personas esto será algo nuevo y diferente. Si nunca ha buscado maneras de saciar su apetito por Dios, quizá no sepa cómo crecerá este apetito.

Si nunca ha comido tarta de queso, o asistido a un juego de fútbol profesional, o jugado cartas con sus amigos, o tenido relaciones sexuales, no sabe lo que se está perdiendo, y por eso quizá no sienta apetito por estas cosas. No es sino hasta que vivimos algo que podemos saber si nos da placer y si es algo que querramos cada vez más en el futuro. Es probando diferentes cosas que llegamos a saber qué actividades son las que más disfrutamos. Espiritualmente necesitamos saborear a Dios antes de saber si lo disfrutaremos. Nuestros anhelos pueden cambiar como resultado de haber sentido a Dios. Alguien que jamás tuvo una relación con nuestro Creador quizá diga: «No tengo anhelo de Dios», pero ¿cómo puede saberlo si nunca lo ha probado? La realidad es que cuando más sentimos a Dios, más queremos estar con Él.

Busque estas actividades con energía, aun si no siente muchas ganas. Quizá no vea resultados inmediatos y tangibles, pero Dios es fiel a sus hijos, y nuestros esfuerzos por conocerle más no pasarán desapercibidos.

¿ES USTED UN ANORÉXICO ESPIRITUAL?

Aunque tenemos un apetito natural e innato por Dios y por las cosas espirituales quizá no sintamos nada que nos indique que sentimos hambre de Dios. ¿Por qué? Quizá porque hemos estado privándonos del alimento espiritual durante demasiado tiempo ¿Se niega usted a alimentar su espíritu? Si no busca activamente a Dios y elige ignorar su deseo natural, sentirá que este deseo cambia con el tiempo.

Cuando tenemos hambre de comida, el cuerpo envía señales a través de nuestras ansias y punzadas de dolor en el estómago que nos indican que debemos comer. Si ignoramos estas señales, al principio se volverán más fuertes para obligarnos a buscar alimento. Pero si continuamos negando la sensación durante mucho tiempo, al final disminuirá y casi podemos convencernos de que ya no tenemos hambre. Esto es lo que hace un anoréxico. Se dice a sí mismo que no siente hambre e ignora las señales que le envía su cuerpo. Con el tiempo, habrá adormecido su apetito al punto de ya no querer comer. Se ha convencido con tanta efectividad de que no siente apetito que ahora su cuerpo muere lentamente de hambre. Y la persona ni siquiera se da cuenta. Lo mismo sucede cuando acallamos nuestra hambre de Dios.

Así sucede con nuestro apetito espiritual. Cuando tenemos hambre espiritual, estamos sintiendo el llamado del Espíritu Santo que está en nosotros para ofrecernos un banquete con las cosas de Dios. Si ignoramos este llamado durante mucho tiempo, encontraremos que poco a poco vamos dejando de sentir interés. Somos capaces de convencernos de que «estamos bien así», pero nuestro espíritu está muriendo de hambre y llegaremos a la muerte espiritual. Nuestros deseos por las cosas de Dios desaparecen y ya no sentimos el llamado del Espíritu Santo porque nos hemos vuelto sordos a su voz. Sin llegar a notarlo, la oración ya no importa, no tenemos sed de la Palabra de Dios, y nos convencemos de que no es tan importante ir a la iglesia, por ejemplo.

Ambos tipos de anoréxicos se niegan al alimento que necesitan para mantenerse vivos. La única forma en que pueden sanar y recuperar un apetito saludable es madurar, acercarse a la mesa, comer. ¿Está usted dándose un banquete a la mesa de Dios? Si quiere cultivar su apetito espiritual deberá alimentarlo. El Salmo 34:8 dice: «Gustad, y ved que es bueno Jehová». Cuando venimos a la mesa del banquete para comer las cosas del Espíritu, encontramos que el Señor es bueno y que satisface por completo. Y aunque el Señor sí nos sacia de forma plena, una vez que lo probamos descubriremos que cada vez queremos más de Él.

ESTUDIE LA PALABRA DE DIOS

Si estudiamos y conocemos las Escrituras podremos:

- Conocer mejor a Dios (Efesios 1:17-18)
- Obtener sabiduría y entendimiento (Salmo 119:130-33; Filipenses 1:9-10)
- Evitar los tropiezos espirituales resistiéndonos a la tentación y al pecado (Salmo 119:9-16)
- Encontrar esperanza (Romanos 15:4)
- Madurar como cristianos (Efesios 4:13)
- Lograr prosperidad y éxito (Josué 1:8)

Las Escrituras dicen: «Lámpara es a mis pies tu palabra, y lumbrera a mi camino» (Salmo 119:105). La Biblia es nuestro mapa o manual de instrucciones para hallar a Dios, y necesitamos leerla con frecuencia y tenerla siempre a mano. De lo contrario, andaremos en oscuridad y de seguro tropezaremos y caeremos. Cuán duro tropezaremos y cuán lejos caeremos estará determinado por cuánto tiempo ha pasado desde que nos alimentamos con la Palabra de Dios. El salmista ha de haber estado haciendo esto cuando escribió: «¡Cuán dulces son a mi paladar tus palabras! Más que la miel a mi boca»

(Salmo 119:103). Necesitamos alimentarnos con la Palabra de Dios todos los días. Así como necesitamos alimento físico a diario para sostener nuestro cuerpo, también necesitamos alimento espiritual para fortalecer nuestra alma cada día.

DELEITE EN EL SEÑOR

Las Escrituras nos dicen: «Deléitate asimismo en Jehová, y él te concederá las peticiones de tu corazón» (Salmo 37:4). Ahora, no malinterpretemos este versículo. Esto no es una varita mágica que hará que obtengamos todo lo que queremos ahora mismo. Digamos que tenemos un fuerte deseo de comprar algo, y lo que queremos adquirir ahora mismo es un televisor de pantalla plana, un auto nuevo, un barco o cualquier otra posesión material. Leemos este versículo y decidimos que es nuestro día de suerte. Hemos estado haciendo números, buscando cómo poder pagar nuestro juguete, y sin embargo todo el tiempo lo único que Dios quería era que nos deleitáramos en Él para que pudiera darnos esto que deseamos, ¿verdad? Bueno, en realidad eso no es cierto. Si no podemos pagar el precio de lo que queremos comprar, y de veras nos deleitamos en nuestro Señor, entonces el deseo de nuestro corazón cambia hacia lo que sí podemos comprar. Solo un cristiano inmaduro verá a Dios como un mago cuyo propósito es proporcionarnos cosas que podrían solo servir para distraer nuestra atención de Dios.

Cuando el nuevo cristiano comienza el proceso de deleitarse en el Señor (con el propósito de obtener lo que quiere), comienza a pasar cada vez más tiempo con Dios. ¿Y sabes qué es lo que causa en nosotros el hecho de pasar más tiempo con Dios? Nos cambia de adentro hacia afuera. Antes de que nos demos cuenta, nuestro corazón cambia y también cambian nuestros deseos. Al acercarnos a Dios, quien cambia y renueva nuestra mente y corazón, nuestros deseos serán no por las cosas de este mundo, sino por las que tienen valor eterno. Al deleitarnos en el Señor somos nuevas criaturas, con nuevos corazones llenos de nuevos deseos que Dios promete cubrir en abundancia. Así es como maduramos como cristianos. Nos acercamos a Dios y nos volvemos más parecidos a Él, deseando las mismas cosas que Él desea para nosotros. ¿Qué significa deleitarse en el Señor? Pensemos en lo que significaría tener un amigo en quien deleitarnos ¿Cómo se sentiría eso? Lo más probable es que pasáramos tiempo con él, que habláramos y esperáramos poder estar con él, compartiendo nuestro tiempo y nuestra vida juntos. Eso es exactamente lo que significa deleitarse en Dios. Leyendo su Palabra, orando, meditando y adorándole formamos una relación con Dios en la que nos deleitamos en Él.

Leer la Palabra de Dios es estudiar lo que Él ha escrito para conocerle mejor. Es como leer las cartas de un amigo una y otra vez. La oración y la meditación, sin embargo, son algo más personal. Es el tiempo que pasamos cara a cara con nuestro amigo. Aquí es donde sentimos de veras la comunión. La oración y la meditación son una vía de comunicación en dos sentidos entre usted y Dios, la cual hará que se acerquen mutuamente cada vez más. La oración es cuando hablamos nosotros, y la meditación es cuando nos habla Dios.

¿Alguna vez ha estado con alguien que habla todo el tiempo? Uno se vuelve tan bueno como oyente que la otra persona se siente cómoda, contándonos problemas personales y conflictos. Cuando más cuente esta persona, tanto más conectada se sentirá con quien le escucha. Muchos han sentido que pueden identificar a alguien como su mejor amigo, aunque la otra persona no sienta lo mismo. ¿Por qué sucede esto?

Pensemos en cómo podría darse esto en la relación con Cristo. ¿Pasamos el tiempo con Él hablando todo el tiempo? ¿Compartimos con él lo profundo de nuestro dolor y necesidad, pidiendo su sabiduría y guía, pero sin dedicarnos a escucharle? ¿Le estamos dando el tiempo que se requiere para que Él nos hable y nos exprese sus deseos? ¿Lo escuchamos? Si no estamos haciendo esto, es probable que seamos la parte que considera al otro «su mejor amigo». Muchos llamamos a Jesús nuestro mejor amigo, pero ¿a cuántos de nosotros podrá llamarnos Él sus «mejores amigos»? Nuestra relación con Jesús no crecerá a menos que haya tiempo para hablar (oración) y para escuchar (meditación). La combinación de estas dos partes de la conversación es la que da como resultado una plena comunión con Dios, el ser «mejores amigos» de verdad.

Cuando aprendemos a comunicarnos más plenamente con Dios maduramos en espíritu. Y la madurez espiritual da como resultado un cambio en nuestros deseos: dejan de ser carnales para ser eternos. Jesús nos dice: «Porque donde esté vuestro tesoro, allí estará también vuestro corazón» (Mateo 6:21). Cuando somos cristianos nuevos, como bebés, nos esforzamos por entender esto porque nuestra atención todavía está en este mundo. Pero a medida que maduramos y estas cosas se convierten en el deseo de nuestro corazón, comenzamos a entender lo que enseñaba Jesús.

CREA EN SUS PROMESAS

Desde la primera página hasta la última, las Escrituras están llenas de promesas que Dios nos ha dado. Él nos ama y quiere cosas maravillosas para nosotros, sin embargo nos cuesta creer que Dios hará de veras lo que dice que hará. Al cultivar nuestro apetito por lo divino encontramos consuelo en sus promesas.

Él siempre está cerca y nunca nos abandonará. «Porque Jehová ama la rectitud, y no desampara a sus santos. Para siempre serán guardados» (Salmo 37:28).

Nos cuida y nos guarda. «No dará tu pie al resbaladero, ni se dormirá el que te guarda. He aquí, no se adormecerá ni dormirá el que guarda a Israel. Jehová es tu guardador; Jehová es tu sombra a tu mano derecha. El sol no te fatigará de día, ni la luna de noche. Jehová te guardará de todo mal; él guardará tu alma. Jehová guardará tu salida y tu entrada desde ahora y para siempre» (Salmo 121:3-8).

Tiene planes buenos para nosotros. «Porque yo sé los pensamientos que tengo acerca de vosotros, dice Jehová, pensamientos de paz, y no de mal, para daros el fin que esperáis» (Jeremías 29:11).

Escuchará cuando oremos a Él y le busquemos. «Entonces me invocaréis, y vendréis y oraréis a mí, y yo os oiré; y me buscaréis y me hallaréis, porque me buscaréis de todo vuestro corazón» (Jeremías 29:12-13).

Él nos dará fuerza. «El Dios de Israel, él da fortaleza y vigor a su pueblo. Bendito Dios» (Salmo 68:35).

Él nos perdonará cuando fallemos. «¿Qué Dios como tú, que perdona la maldad, y olvida el pecado del remanente de su heredad? No retuvo para siempre su enojo, porque se deleita en misericordia» (Miqueas 7:18).

EXPERIMENTE LA COMUNIÓN CON EL CUERPO DE CRISTO

Dios nos alienta en las Escrituras a pasar tiempo con otros creyentes: «Y considerémonos unos a otros para estimularnos al amor y a las buenas obras; no dejando de congregarnos, como algunos tienen por costumbre, sino exhortándonos; y tanto más, cuanto veis que aquel día se acerca» (Hebreos 10:24-25). Al buscar a Dios para acercarnos a Él y alimentar nuestro apetito divino, le aconsejamos buscar una iglesia local donde se halle cómodo, para que pueda pasar tiempo con ellos estableciendo relaciones saludables que a la vez le harán crecer.

Hay muchas razones obvias por las que Dios nos alienta a pasar tiempo juntos. Él sabe cuán fácilmente pueden sus hijos ser influenciados por el mundo, apartándose de su lado. Así que nos brinda amigos y una familia que creen y se comportan de manera similar para ayudarnos en nuestra necesidad de tener compañía. Si no nos hubiera brindado esas personas, seguiríamos teniendo la necesidad de pertenecer a un grupo, por lo que reunirnos con gente que no refleja las esperanzas de Dios sería la opción que buscaríamos. Stephen Apthorp escribe: «Dios nos ofrece la vida. Nos llama a compartir esa vida viviendo relaciones con significado, con hermanos y especialmente con Él. La vida en abundancia no está en la gratificación inmediata. Está en buscar una relación significativa con Dios que nos hace plenos y fomenta relaciones más saludables con los demás».[2] Estas relaciones saludables, plenas y con significado serán las que nos satisfagan y nos unan con otros creyentes.

También nuestra relación con otros creyentes sirve como base de apoyo, aliento y responsabilidad. Las Escrituras dicen: «Sobrellevad los unos las cargas de los otros, y cumplid así la ley de Cristo» (Gálatas 6:2). Cuando estamos pasando por malos momentos en nuestras vidas es importante saber que no estamos solos. Mostrar apoyo mutuo durante estos malos momentos es la esencia de la vida en familia de Dios. Pero no solo estaremos juntos cuando todo va mal. Las Escrituras también hacen referencia al gozo compartido. «Gozaos con los que se gozan; llorad con los que lloran» (Romanos 12:15). Se ha dicho que la comunión entre las personas divide la pena y multiplica el gozo. ¡Qué cosa maravillosa nos ha dado Dios a través de nuestra familia espiritual!

Estar en contacto con otros creyentes nos brinda muchas oportunidades para alentarnos los unos a los otros. Hebreos 3:13 dice: «Antes exhortaos los unos a los otros cada día, entre tanto que se dice: Hoy; para que ninguno de vosotros se endurezca por el engaño del pecado». No podemos alentarnos los unos a los otros si no dedicamos el tiempo para conocernos lo suficiente y así compartir nuestras necesidades.

Estar en comunión con otros hijos de Dios también nos ayudará a crecer en espíritu a través del ejercicio de la responsabilidad. En algún momento, cada uno de nosotros tendrá la oportunidad de apartarse en busca de su propia satisfacción. Saber que hay alguien que nos estará acompañando, preguntándonos qué es lo que estamos haciendo, y recordándonos qué es lo que hay que hacer, nos hará sentir amados y cuidados. Es difícil apartarse del plan de Dios cuando sentimos que tenemos una responsabilidad hacia los demás.

Un beneficio final de estar con otros creyentes se menciona en 1 Juan 4:11-12: «Amados, si Dios nos ha amado así, debemos también nosotros amarnos unos a otros. Nadie ha visto jamás a Dios. Si nos amamos unos a otros, Dios permanece en nosotros, y su amor se ha perfeccionado en nosotros». Por medio del amor que nos tenemos los unos a los otros, mostramos el amor de Cristo al mundo que nos rodea. Nuestro amor por el cuerpo de Cristo no solo nos beneficia como individuos, sino que es además un testimonio importante para los no creyentes que observan cómo demostramos nuestro amor por nuestros hermanos y hermanas espirituales.

TRABAJE EN SU OBRA

Estar más cerca de Dios incluye llegar a interesarnos por lo que a Él le interesa. Si usted quiere trabajar con Dios necesita saber primero qué es lo que Él hace. Dios se dedica a «trabajar con la gente». Todo lo que hace tiene que ver con las personas. Quiere apoyarlas, proveer para ellas, bendecirlas, protegerlas, amarlas, perdonarlas y ante todo, acercarlas a Él. Eso es lo que hace Dios. Es su trabajo. Y si queremos unirnos a Él en su trabajo, es esto lo que debemos aprender a hacer. Jesús nos da un mandamiento: «Este es mi mandamiento: Que os améis unos a otros, como yo os he amado. Nadie tiene mayor amor que este, que uno ponga su vida por sus amigos. Vosotros sois mis amigos, si hacéis lo que yo os mando. Ya no os llamaré siervos, porque el siervo no sabe lo que hace su señor; pero os he llamado amigos, porque todas las cosas que oí de mi Padre, os las he dado a conocer» (Juan 15:12-15).

Jesús se ocupa de que conozcamos su obra y nos ha dado un ejemplo. Depende de nosotros la elección. Pero si queremos saciar y alimentar nuestro apetito de Dios, continuaremos su obra de amor y servicio a los demás.

Jesús sirvió de modelo para sus discípulos, destacando la importancia del servicio a los demás cuando lavó sus pies en el aposento alto (ver Juan 13:1-17). Después de hacer esto, dijo: «Pues si yo, el Señor y el Maestro, he lavado vuestros pies, vosotros también debéis lavaros los pies los unos a los otros. Porque ejemplo os he dado, para que como yo os he hecho, vosotros también hagáis» (vv. 14-15). ¿Estamos haciendo lo que Él hizo? ¿Necesitamos en realidad lavarles los pies a los demás? No, aunque no sería mala idea. Servir a los demás es pensar más en sus necesidades que en las propias. Es poner primero a los otros. Todo lo que hagamos por otra persona es un acto de servicio que equivale a servir a Cristo.

> Porque tuve hambre, y me disteis de comer; tuve sed, y me disteis de beber; fui forastero, y me recogisteis; estuve desnudo, y me cubristeis; enfermo, y me visitasteis; en la cárcel, y vinisteis a mí. Entonces los justos le responderán diciendo: Señor, ¿cuándo te vimos hambriento, y te sustentamos, o sediento, y te dimos de beber? ¿Y cuándo te vimos forastero, y te recogimos, o desnudo, y te cubrimos? ¿O cuándo te vimos enfermo, o en la cárcel, y vinimos a ti? Y respondiendo el Rey, les dirá: De cierto os digo que en cuanto lo hicisteis a uno de estos mis hermanos más pequeños, a mí lo hicisteis. (Mateo 25:35-40)

Cuando dedicamos el tiempo para ser parte de lo que Dios está haciendo por la gente en este mundo, no solo agradamos a Dios y hacemos que un hermano se sienta mejor, sino que también nos estamos ayudando a nosotros mismos. Pensar en las necesidades de los demás no hace sentir más productivos y aumenta nuestro sentido de valía. El reino de Dios está lleno de oportunidades de servicio y ministerio.

Al leer la historia que sigue, de un hombre que luchó por dominar su apetito por el juego, observe la acción que realiza para poder lograrlo. Shawn descubrió que alimentar el apetito por el crecimiento personal espiritual y el ministerio le ayudó a reemplazar el apetito destructivo que lo tenía esclavizado. La paz que sobrepasa todo entendimiento nos espera si nos rendimos al llamado de nuestro Señor y nos comprometemos a servir de forma activa en su reino terrenal.

«Hay Paz»

Shawn buscó ayuda cuando comenzó a sentir que el mundo se desmoronaba a su alrededor. Tenía treinta y tres años y había pasado de ser un hombre que aparentemente lo tenía todo, a ser un hombre que había perdido todo lo que le importaba de veras. Durante la mayor parte de sus once años de matrimonio la vida parecía haber ido bien. Él y Angie tenían tres hermosos hijos, y Shawn trabajaba como socio en una exitosa firma jurídica. Pero esto no parecía alcanzarle. No llegaba nunca a llenar el vacío que sentía en su interior. Quería más. Fue el deseo por lo inalcanzable lo que lo llevó al borde del desastre personal.

«Había estado viviendo dos vidas separadas, ocultándolo durante muchos años», dijo Shawn intentando explicar qué lo había llevado al borde del abismo. «Siempre había intentado ser "el niño bueno", porque no me gustaba lo que le sucedía a mi hermano mayor cuando se portaba mal. Aprendí a agradar a los demás, a verme bien por fuera, y a hacer lo que quería sin que nadie se diera cuenta. Tenía éxito y pronto vi que el éxito era una protección que me permitía hacer aun más lo que me viniera en gana. La gente no suele cuestionar tus actividades si eres exitoso y tienes buena posición económica. Aprendí a mentir para proteger mi vida secreta y mantener firme mi fachada si llegaba a tener problemas o riesgos. Pero la mentira me atrapó, y ahora mis dos mundos se desmoronan. Lo he perdido todo».

Shawn había empezado a jugar por dinero cada tanto cuando era adolescente, usando su mesada «para divertirse», pero descubrió que le gustaba la sensación de ganar. Esta conducta parecía inocente, pero al crecer jamás olvidó la sensación que le producía. Cuando tenía veintidós años, Shawn fue por primera vez al casino, y pasó allí toda la noche, gastando más de lo que había planeado. Sentía algo de placer y excitación en él, aunque no experimentaba todavía la urgencia de volver todo el tiempo. Vivía en Missouri, donde no había un casino cerca, así que no tenía muchas oportunidades de volver a su pasatiempo favorito. La distancia con respecto a la fuente de su excitación le mantuvo bajo control hasta que encontró que en un estado vecino se realizaban carreras de perros. Lo que pensó que no le haría daño lo llevó al camino de la destrucción total.

La urgencia del juego comenzó a afectar su vida, y tuvo que ocultar sus actividades. Cargaba hasta el máximo sus tarjetas de crédito, esperando ganar para cubrir la deuda antes de que Angie se diera cuenta... lo cual sucedía casi siempre justo a último momento. Esto intensificaba la adrenalina que tanto le divertía, y aumentaba su apetito de arriesgarlo todo. Cada vez que volvía a apostar, el poder y la excitación le intoxicaban. Luego sucedió lo impensable. Se legalizaron los casinos, no solo en su estado sino en su ciudad. «Todo fue cuesta abajo desde allí», dijo Shawn. Explicó que durante los años siguientes jugó cada vez más, mintió, ocultó y engañó más y más. El dinero que ganaba en el estudio de abogados iba casi en su totalidad a apoyar su hábito, y su familia vivía de los ingresos de Angie, de las tarjetas de crédito, de préstamos de un banco y de unos pocos amigos ingenuos.

Al final, el «gran premio» jamás llegó cuando lo necesitaba con tanta desesperación y Shawn debió confesar su problema a Angie, el cual era ahora el problema de los dos. Ella se sintió herida, devastada, sin confianza en él, y Shawn supo que debía cambiar. Se comprometió ante Angie a volver a empezar y cambiar de rumbo.

Quedaron en bancarrota y se mudaron a tres horas de Kansas City para que esto obrara como disuasión. Le prometió a Angie muchísimas cosas. Ella volvió a confiar en él. Todo parecía haber mejorado... durante un tiempo. Cuando Shawn volvió a trabajar con nuevos socios y su familia se estableció, volvió a sentir desasosiego. Todo parecía bien desde afuera, pero estaba muriendo por dentro. Le faltaba la excitación de ganar, el torrente de adrenalina que los casinos parecían causar en él. Había olvidado la pena y el dolor (o al menos había enviado esos recuerdos al fondo de su memoria). Comenzó a buscar oportunidades para «viajar por negocios» cada vez que podía. El regreso de su compulsión fue rápido, como lo fue su caída.

Cada vez engañaba y ocultaba más lo que hacía con el dinero, cubriendo los rastros. Pero antes de que se diera cuenta, Shawn estaba otra vez donde había estado antes, aunque la deuda era mucho más grande al momento del descubrimiento y la revelación de su vicio. Volvió a reconocer su problema y a proponerse un cambio. No le gustaba la persona en que se estaba convirtiendo, y quería tomar medidas para detener su destrucción. Angie y él hicieron arreglos para que no pudiera tener acceso a sus cuentas bancarias, y Shawn le pidió a su esposa que se encargara de la economía del hogar. ¡Esta vez sí quería cambiar!

Su compromiso duró una semana más o menos. Encontró un modo de escapar y cruzar las barreras que había puesto junto a su esposa. Se sentía un poco frustrado porque ahora no disponía de dinero con tanta facilidad, pero esto no lo detuvo. Con el tiempo, su deseo de jugar y apostar, su fuente principal de satisfacción, se volvió tan fuerte que le llevó a recurrir a métodos ilegales para obtener el dinero que necesitaba para llenar su vacío.

Shawn era custodio de las propiedades de varias personas mayores que estaban enfermas o muy ancianas. Era apoderado de estas personas y podía emitir cheques para pagar a sus enfermeras, los impuestos y otros gastos. En su desesperación, inventó una compañía de servicios de salud que no existía, y comenzó a emitir cheques de las cuentas que estaban bajo su custodia. En su mente esto no era un plan ilegal para dañar a los ancianos; era tomar dinero prestado para poder luego devolverlo cuando ganara con intereses.

La «necesidad» de jugar por dinero parecía crecer cuanto más la alimentaba. El vacío que buscaba llenar parecía satisfacerse solo por un tiempo, cuando salía a jugar, pero luego volvía con mayor intensidad, como una venganza. Ya no tenía dominio de sí y a menudo ni siquiera podía trabajar porque estaba obsesionado por el juego. No sabía cómo parar. El impulso era tan fuerte que era más fácil ceder en lugar de luchar en su contra para terminar cediendo más tarde. Sabía que estaba destinado a terminar mal, pero seguía convenciéndose de que encontraría el juego indicado, volvería a ganar, y entonces todo se arreglaría. Entonces sí se detendría.

Pero eso no sucedió.

El mundo de Shawn comenzó a derrumbarse cuando una de las cuentas que administraba fue sometida a auditoría. Allí se descubrió que faltaba gran parte del dinero que Shawn debía custodiar. Se presentaron las evidencias al fiscal del distrito, y Shawn fue acusado. Perdió su empleo e inmediatamente quedó sin fuente de ingreso alguna. No tenía dinero para pagar lo que había tomado, y la única solución que se le ocurría era «ganar a lo grande». Así que volvió al casino. Pero todo no terminó allí. Fue arrestado, esposado y llevado a prisión. Se presentaron cargos en su contra y no había dinero para pagar una fianza. Tuvo que permanecer en prisión hasta el momento del juicio. En el juicio, Shawn fue hallado culpable de delito, enviado a prisión durante dos años, y perdió su licencia para ejercer su profesión. Su esposa debió trabajar tiempo completo para poder mantener a la familia y cancelar sus deudas. Para Angie había una sola cosa que era más difícil que trabajar y criar a los niños sola, la necesidad de vencer la ira que sentía hacia Shawn. Pero lo logró, y comenzó a apoyarlo y alentarlo. Volverían a comenzar.

Aunque Shawn sufrió consecuencias serias a causa de sus elecciones, ha encontrado una nueva fuente de satisfacción. Esta experiencia le hizo ver su necesidad de Dios como fuente de plenitud y deleite. Su intento por llenar el hueco dentro de su corazón con la adrenalina del juego no le dejó más que pena y sufrimiento. Pero fue también lo que le llevó a ponerse de rodillas buscando a Dios para llenar su vacío. Y Dios ha sido fiel a su promesa, llenándolo por completo.

Sin Dios en su vida, Shawn estaba absorto en sí mismo. La gente que amaba ya no significaba nada cuando estaba sentado a la mesa de juego. Se desconectaba de todo y utilizaba a sus seres queridos para que mantuvieran su mal hábito. Cuando comenzó a rendirse a Dios, empezó a ver a los demás, a conectarse con ellos, e incluso a ayudarlos.

Mientras estaba en prisión, Shawn llegó a liderar Prison Fellowship [Comunidad de la Prisión]. Como no podía ejercer su profesión fuera de la cárcel, lo hizo dentro de ésta. Estudió los casos de sus compañeros de prisión. Los ayudó con las apelaciones y se involucró mucho en este servicio a los demás. Juntos celebraban sus victorias y compartían sus penas. Se convirtió en un ser humano afectuoso, que cuidaba de las necesidades de los demás y que se había librado de la esclavitud de un apetito adictivo. Irónicamente, aunque jamás había estado peor, Shawn ahora se sentía mejor con respecto a la vida y a su contribución hacia los otros, aun estando preso.

Los últimos dos años han sido difíciles, pero al mismo tiempo este período ha sido el más productivo de su vida en cuanto a su crecimiento y madurez. Dios ha sido fiel y ha fortalecido a Shawn para que pueda tomar decisiones sanas. Él está aprendiendo a manejar su necesidad de adrenalina de manera más apropiada y saludable. Busca a Dios estudiando la Biblia, en actividades de ministerio y en el servicio a los demás. Tiene una vida de oración activa. Cuenta su historia como testimonio de lo que Dios puede hacer y como una herramienta de su responsabilidad hacia los demás. Su matrimonio con Angie es sólido, su esposa todavía lo ama y han iniciado una nueva vida juntos. Para Shawn la vida ahora es bella y se siente bien. Allí donde una vez el engaño y la incertidumbre echaban sombras en su vida, ahora tiene paz, algo que no había sentido jamás antes de vivir esta experiencia.

SALVADOR, A TI ME RINDO

Salvador, a ti me rindo, obedezco sólo a ti.
Mi guiador, mi fortaleza,
todo encuentro, oh Cristo, en ti.

Yo me rindo a ti, yo me rindo a ti;
mi flaqueza, mis pecados, todo rindo a ti.

Te confiesa su delito mi contrito corazón.
Oye, Cristo, mi plegaria;
quiero en ti tener perdón.

Yo me rindo a ti, yo me rindo a ti;
mi flaqueza, mis pecados, todo rindo a ti.

A tus pies, Señor, entrego bienes, goces y placer.
Que tu Espíritu me llene,
y de ti sienta el poder.

Yo me rindo a ti, yo me rindo a ti;
mi flaqueza, mis pecados, todo rindo a ti.

¡Oh, qué gozo encuentro en Cristo!
¡Cuánta paz a mi alma da!
A su causa me consagro,
y su amor mi amor será.

Yo me rindo a ti, yo me rindo a ti;
mi flaqueza, mis pecados, todo rindo a ti.

--*I SURRENDER ALL*, JUDSON W. VAN DE VENTER, 1896

10

LA VIDA DE ENTREGA

Entrega. Muchos hemos oído esta palabra en la iglesia pero no sabemos lo que significa, o cómo entregarnos o rendirnos, o cuán esencial es en verdad la entrega para vivir una vida que agrade a Dios. *Entregar* en el diccionario se define como: «Poner en manos o en poder de otro a alguien o algo».[1] Como cristianos somos llamados a entregarnos a Cristo, pero quizá no nos enseñen cómo hacerlo. Sabemos que hay entrega cuando comprometemos nuestras vidas a Cristo. Sin embargo, vivir nuestras vidas en entrega continua no es una decisión de una sola vez. Es parte cotidiana de nuestra existencia y da forma a nuestra perspectiva del mundo.

Un cristiano cree que la salvación (elegir creer en Jesucristo y aceptarlo como nuestro Salvador personal) es el elemento esencial para la vida eterna en el cielo. El cristiano también cree que vivir una vida que agrade a Dios aquí en la tierra requiere de la voluntad cotidiana de dejar de lado todo lo que pueda estar obstaculizando nuestro camino hacia el Creador. Es invitar a Jesús a nuestra vida, pedirle al Espíritu Santo que nos guíe y nos indique a cada momento cuál es la decisión correcta, sin importar cuán difícil parezca.

Muchos cristianos han elegido a Jesús como su Salvador y allí se detienen. Pero si queremos de veras vivir una vida que agrade a Dios y si queremos dejar que el Espíritu Santo obre a través de nosotros, debemos ir un paso más allá. Debemos hacer de Jesús no solo nuestro *Salvador*, sino el *Señor* de nuestras vidas. ¿Cuál es la diferencia?

Aceptarlo como Salvador significa que entendemos que somos pecadores y que merecemos la muerte como paga por nuestro pecado. Implica aceptar que Jesús hizo el sacrificio supremo de morir en la cruz para lavar nuestros pecados. Por medio de nuestra fe en Él, obtenemos la vida eterna.

Pero cuando hacemos de Jesús el Señor de nuestra vida, le entregamos nuestra voluntad, nuestros deseos, planes y posesiones, todo lo que tenemos. Nos damos por entero a Él para que haga lo que desee. Hacer de Jesús nuestro Señor significa que no nos guardaremos nada para nosotros. No le damos una parte de nosotros y nos aferramos al resto para hacer lo que nos venga en gana. La verdadera entrega significa confiar en Él tanto como para dejar que tenga el control sobre nuestra vida. Dios va en el asiento del conductor y nos lleva a donde quiere, cuando quiere y por el camino que quiere. No hay copilotos cuando la entrega es verdadera. «Entregarnos es admitir que no podemos conducir nuestra vida sin Dios. Dejamos de jugar a ser Dios, nos bajamos del trono de nuestra vida y dejamos que Dios gobierne. En resumen, entregarse significa obedecerle. Venimos a Dios bajo sus términos, aceptando que Él es Dios y que puede hacer con nosotros lo que quiera; pero confiando que como es un Dios de amor, lo que haga con nosotros será para nuestro bien».[2]

CONFIANZA Y OBEDIENCIA

«Obedencer, y confiar en Jesús, es la regla marcada para andar en la luz». Las palabras de ese himno tan familiar resuenan con los elementos esenciales de la entrega. Debemos aprender a confiar en Dios y a obedecerle si hemos de rendirnos a Él entregándole nuestra vida. «Porque Dios es el que en vosotros produce así el querer como el hacer, por su buena voluntad» (Filipenses 2:13). Si no confiamos en que Dios nos ama y quiere cosas buenas para nosotros, es probable que no le entreguemos nuestra voluntad. Estudiar las Escrituras y entender quién es Dios en verdad nos ayudará a confiar en Él entregándole nuestra vida.

¿Puede imaginarse diciendo que se ha entregado a alguien pero que no tiene intención de obedecerle? Veamos lo que nos dice Jesús acerca de la obediencia:

Si me amáis, guardad mis mandamientos ... El que tiene
mis mandamientos, y los guarda, ése es el que me ama; y el
que me ama, será amado por mi Padre, y yo le amaré, y me
manifestaré a él ... Respondió Jesús y le dijo: El que me
ama, mi palabra guardará; y mi Padre le amará, y vendre-
mos a él, y haremos morada con él. El que no me ama, no
guarda mis palabras; y la palabra que habéis oído no es mía,
sino del Padre que me envió. (Juan 14:15, 21, 23-24)

La importancia de obedecer los mandamientos de Dios se afirma
a menudo en las Escrituras, y casi siempre el acto de obediencia se
ve acompañado de una bendición (Levítico 25:18; Deuteronomio
4:29-31; Jeremías 7:23). Cuando elegimos hacer lo que Dios nos
dice que hagamos, las cosas nos saldrán bien y Dios nos bendecirá:
«¡Bienaventurados los que oyen la palabra de Dios, y la guardan!»
(Lucas 11:28).

Éxito a través del Espíritu

Aun después de la salvación y de elegir entregarnos a Cristo como
Señor de nuestra vida, seguiremos enfrentando luchas y tribulaciones con respecto al dominio de nuestros apetitos. Solemos recaer en
viejos patrones de conducta que se centran en nuestra carne, en
lugar de centrarse en el Espíritu que habita en nosotros. Las urgen-
cias que sentíamos antes de rendirnos a Cristo seguirán apareciendo,
al menos durante un tiempo, pero ahora ya no tenemos que luchar
solos. El Espíritu Santo está allí para ayudarnos y fortalecernos.

Son estos momentos en que las tentaciones son tan fuertes cuando nos sentiremos inclinados a decir: «No puedo con esto». Y quizá
tengamos razón. Pero hay esperanza, porque no tenemos que
hacerlo solos. Una vez que hemos aceptado a Jesús como nuestro
Salvador, él habita en nosotros. Según las Escrituras: «Con Cristo
estoy juntamente crucificado, y ya no vivo yo, mas vive Cristo en
mí; y lo que ahora vivo en la carne, lo vivo en la fe del Hijo de Dios,
el cual me amó y se entregó a sí mismo por mí» (Gálatas 2:20). Si
hemos sido crucificados con Cristo, hemos muerto a nosotros mismos, y lo que vive en nosotros ahora es el Espíritu de Dios. En 1
Corintios 10:13 se nos dice: «No os ha sobrevenido ninguna ten-

tación que no sea humana; pero fiel es Dios, que no os dejará ser tentados más de lo que podéis resistir, sino que dará también juntamente con la tentación la salida, para que podáis soportar».

Jesucristo vive en nosotros y promete ayudarnos a resistir la tentación y a fortalecernos para que nos entreguemos a Él y hagamos su voluntad. El Señor nunca nos pedirá que hagamos algo que no podemos hacer. ¿Por qué? Porque si en verdad hemos muerto a nosotros mismos y tenemos a Cristo habitando en nosotros, entonces es a Él a quien se le pide que haga lo que sea. Además, sé que: «Todo lo puedo en Cristo que me fortalece» (Filipenses 4:13).

Podemos dominar nuestros apetitos. Y mientras se embarca en este desafío de la entrega, le recomendamos que busque ayuda externa, de un amigo, un consejero profesional o un grupo de autoayuda.

Usted debe tener la voluntad de entregar el control y aceptar la ayuda que le ofrece quien le aconseja. No intente dominar al terapeuta, ni el rumbo de la terapia, ni dominarse a sí mismo. El control es un intento por ejercer el poder y el verdadero poder proviene de Dios.

Nota a los que siguen frustrados

Ahora que está llegando al final de libro quizá sienta frustración porque no ha tenido una experiencia que le cambiara la vida mientras lo leía. Quizá no cayeron las paredes, ni titilaron las luces, y sigue sintiéndose igual que cuando comenzó a leer.

Está bien. Usted pertenece a la mayoría, porque los cambios por lo general no suceden por leer un libro y nada más. Pero este sí puede ser el comienzo de los cambios que le lleven a vivir una nueva vida. Todo comienza con el primer paso. Eso es lo que ha hecho al leer este libro hasta aquí. Si sigue hasta el final y trata de implementar alguno de los doce pasos del Apéndice, o todos, el camino hacia la satisfacción de sus apetitos continuará. La implementación de un nuevo cambio puede crear el impulso que le lleve a efectuar muchos más.

Si está frustrado, véalo como un buen signo. La frustración viene cuando uno es de un modo aunque sabe que debiera ser de otro modo mejor. Esperamos que este sea un nuevo comienzo para usted. Si la urgencia de hacer lo que ha estado haciendo lo abruma, por favor, levántese y salga de la casa. No importa si va a visitar a los amigos, si asiste a una reunión de apoyo, o si solo visita a alguien en necesidad. Si no puede salir de la casa, tome el teléfono y llame a un amigo. Comience la conversación diciendo simplemente que necesita hablar para encontrar apoyo.

Así es como comienzan los cambios en la vida de la mayoría de las personas. Durante un largo período de tiempo, los cambios pequeños le llevarán a conectarse con los demás de manera nueva, más profunda y rica. Así que, si sigue frustrado, vaya y dé sus primeros pasos hacia una nueva vida.

Al entregarse al proceso de tratamiento y comenzar a elaborar su dolor encontrará alivio para ese mismo dolor que ha estado atrapándolo como esclavo. Usted puede comenzar a dominar sus apetitos por medio del poder del Espíritu Santo. Con un mayor dominio de sí mismo vendrá también una mayor confianza en sí mismo y la libertad de la necesidad o deseo de controlar a otros. Entréguese a Dios y dé este paso hacia una vida sana y en victoria.

¿Por qué no comienza hoy mismo? ¿Qué mejor momento para empezar a dominar sus apetitos que ahora mismo? Concéntrese en hacer este viaje un paso a la vez. Su lucha por dominarse ocurrirá un día a la vez, y comenzará de nuevo con cada amanecer. No mire hacia atrás, no piense en el tiempo perdido ni piense en lo largo que será el viaje. Solo haga aquello con lo que se ha comprometido cada día y vea cómo Dios bendice sus esfuerzos.

Si necesita ayuda para encontrar un consejero cristiano u otro recurso de ayuda en su zona, llame al 1-800-NEW-LIFE (dentro de los EE.UU.) a cualquier hora del día o la noche. Por favor visite nuestros sitios web en Newlife.com y LoseItForLife.com.

APÉNDICE

DOCE PASOS PARA SATISFACER SUS APETITOS CON ÉXITO

¡Estamos muy orgullosos de usted! Ha leído el libro y está dispuesto a dar el siguiente paso. Para poder cambiar su situación necesita saber dónde efectuar los cambios. Evaluar sus circunstancias será como hacer un mapa que le muestre con claridad las áreas en las que tiene dificultades. Por favor, sea sincero consigo mismo. Su capacidad para cambiar dependerá de cuán realista sea con respecto a lo que pueda ser mejor para *usted*.

1. Haga una lista de las áreas en las que no está demostrando tener dominio de sí mismo. Piense en el/los apetito/s contra el/los que debe luchar, aunque la lucha sea moderada. No se sienta abrumado por la lista porque no intentará dominarlos todos a la vez. Recuerde que los apetitos suelen ir más allá de aquellos obvios que mencionamos en el libro, como la comida o el poder. Busque dentro de sí los apetitos por la seguridad, la desconexión, la manipulación, la superioridad y la victimización. Al indagar en estos apetitos ocultos encontrará que le es más fácil trabajar sobre los más obvios.

2. Haga una lista de las mentiras que se ha estado diciendo a sí mismo. Esto puede ser un poco más difícil que la primera lista porque ha de enfrentar la realidad de que inventó excusas para sentirse mejor y permitirse seguir con un patrón de conducta dañino. Asegúrese de incluir las mentiras y excusas que se ha dicho que le hayan llevado a usar sus apetitos de manera no saludable.

- «No merezco ser amado».
- «Jamás llegaré a nada».
- «No sirvo para nada».

_____

_____

_____

_____

_____

_____

Incluya también las mentiras y excusas que ha usado para continuar con su patrón negativo:

- «Lo amo de veras, así que está bien».
- «Puedo dejar esto cuando quiera, pero todavía no quiero».
- «Todo el mundo lo hace».

Anotar estas mentiras puede hacer que se vean mucho más ridículas de lo que son cuando las pensamos. La intención es que al llegar a estar consciente de sus mentiras, estará menos dispuesto a usarlas para excusar su conducta.

_____

_____

_____

_____

_____

3. Evalúe cómo habla consigo mismo. Todos hablamos para nuestros adentros, pero no siempre estamos conscientes de lo que estamos diciendo. Tendrá que comenzar a prestar más atención a lo que se dice a sí mismo, porque esto puede influir mucho en cómo se siente y cómo actúa. Si siempre se critica, tanto en pensamiento como en voz alta, tendrá dificultades para sentirse cómodo consigo mismo o para creer que es capaz de hacer los cambios que necesita. Pero si es positivo con respecto a sí mismo y su capacidad para cambiar, ha recorrido la mitad del camino.

Comience por observar las cosas negativas que dice con respecto a sí mismo. Anótelas. Luego haga una lista de cosas más positivas para reemplazar los pensamientos negativos. Por ejemplo, si se encuentra diciendo: «No hay nada que hacer, jamás lograré dominar esto», identifíquelo como negativo y anótelo. Luego encuentre algo más saludable para usar en reemplazo de esto, algo como: «Sé que si me comprometo de veras podré cambiar».

---

4. Haga una lista de actividades saludables de las que disfruta. ¡Y estamos refiriéndonos a *todas* las actividades que le gustan! Incluya las cosas pequeñas de todos los días que le hacen sonreír, al igual que los sucesos más grandes que espera con ansias. Cuanto más pueda anotar, mejor. Esta lista le ayudará a reentrenar su cerebro. Cuanto más se dedique a disfrutar de lo que es bueno para usted, tanto más buscará su cerebro estas actividades en momentos de tensión para que las conductas y hábitos no saludables del pasado queden atrás. Quizá le sea difícil pensar hoy en lo que le causa placer. Si este es el caso, puede ser que esta lista de apetitos saludables le ayude a pensar en otras áreas de la vida que usted disfruta: dar, servir, conectarse, amar, ahorrar, hacer ejercicio, la familia, la paz, el gozo, la música, el arte, adorar, orar, meditar, estudiar la Biblia y cualquier otra actividad que le cause placer.

_____

_____

_____

_____

_____

_____

_____

_____

_____

_____

_____

_____

_____

_____

_____

_____

_____

_____

5. Confiese, arrepiéntase y busque. Antes de poder crecer espiritualmente, deberá quitar todas las barreras que se interpongan entre usted y Dios. Debe admitir que ha estado luchando por dominar sus apetitos y que estas actividades probablemente sean pecaminosas. Al identificar estos pecados en su vida, deberá confesarlos y arrepentirse (decidir dejar de hacerlo). Cuando lo haga, su relación con Dios será restaurada y Él estará allí para ayudarle. Dedique el tiempo para buscar ayuda del Espíritu Santo, pidiendo la fuerza y el poder que necesita para cambiar.

6. Crezca en sabiduría, conocimiento y entendimiento. Si desea ser más como Cristo, debe conocer cómo es Él. Debe estudiar la Palabra de Dios cada día y comprometerse a estudiar porciones de memoria para que las tenga a su disposición cuando llegue la tentación. Es por medio de la Palabra de Dios que entendemos lo que Él nos manda a hacer, cómo obra el Espíritu Santo en nuestras vidas, y las promesas que Dios nos da. La Palabra de Dios es nuestro manual de instrucciones para enfrentar las dificultades. ¡Estúdiela!

7. Acérquese a Dios. Hay dos beneficios importantes cuando nos acercamos a Dios. Primero, al acercarnos a Dios y de veras buscar conocerle pasando tiempo con él comenzamos a ver al pecado y las cosas de este mundo como lo que son. Los planes y estrategias de Satanás saldrán a la luz y ya no nos engañarán fácilmente. Ya no querremos lo que nos ofrece el diablo porque ahora estamos llenos de lo que nos ofrece Dios. El segundo beneficio es que cuando confiamos en Dios y le conocemos más, observaremos que nos parecemos cada vez más a Él. Cuando esto sucede, nuestros deseos cambian para combinarse con sus deseos para nuestra vida.

8. Pelee la batalla espiritual. Vea al enemigo como lo que es y pelee en su contra con las armas que se le han dado. Deje de engañarse con las tentaciones o creyendo que no puede ganar la batalla. Recuerde: usted es hijo del Rey, y él ha puesto a su disposición todo lo que necesita para ganar esta guerra contra el enemigo.

9. Domine sus pensamientos. Una de las cosas más difíciles que intentará hacer es aprender a controlar sus pensamientos. Aunque sea difícil es también uno de los pasos más importantes si desea cambiar su manera de actuar. La batalla que usted está por pelear comienza en la mente. Si aprende a dominar sus pensamientos, la lucha puede terminar allí. El problema que tenemos la mayoría de las personas en el área del dominio de los pensamientos es que no los atajamos a tiempo.

Muchos de los pensamientos que con el tiempo se tornan negativos comienzan como algo que parece inocente, y por ello lo descartamos diciendo «que no es gran cosa». Esto, empero, forma parte del engaño de Satanás. Si él puede lograr que tengamos estos pequeños pensamientos, puede hacer que crezcan cada vez más sin que nos demos cuenta. Filipenses 4:8 dice: «Por lo demás, hermanos, todo lo que es verdadero, todo lo honesto, todo lo justo, todo lo puro, todo lo amable, todo lo que es de buen nombre; si hay virtud alguna, si algo digno de alabanza, en esto pensad». Los malos pensamientos nunca llevan a buenas acciones. Debemos tener buenos pensamientos si hemos de actuar con rectitud.

10. Decídase a trabajar con un apetito a la vez. Lo dice el refrán: «El que mucho abarca, poco aprieta». Si miramos nuestras vidas y nos concentramos en toda la lista de cosas que debemos cambiar, quizá nos sintamos tan abrumados que abandonaremos aun antes de empezar. Escoja un apetito con relación al cual le gustaría ver que obtiene mayor dominio de sí mismo y comience por ahí. Ponga todos los demás aparte y no empiece a trabajar en ellos hasta haber logrado suficiente éxito con el que eligió.

11. Deje de alimentar su carne. Esta es la hora de la verdad. Diseñe un plan de acción sobre cómo cambiará su conducta para satisfacer este apetito de manera saludable. Asegúrese de establecer objetivos realistas que le den tiempo suficiente para ver un cambio. Recuerde, no llegó a este lugar de la noche a la mañana, y tampoco saldrá de él tan rápido. Las investigaciones realizadas por psicólogos muestran que nos lleva aproximadamente veintiún días romper con un viejo hábito y adoptar uno nuevo.[1] Así que tendrá que ser paciente consigo mismo.

12. Descubra su estado de ánimo cuando haya dominado su apetito. Todos tenemos un estado de ánimo o múltiples estados de ánimo cuando descubrimos que hemos controlado un apetito. Cada uno de estos estados es el resultado de un corazón rendido y entregado.

El *contentamiento* es la condición emocional y espiritual ejemplificada por el apóstol Pablo. Él fue un hombre que estuvo preso, que durante su vida le golpearon, le maltrataron y le robaron, entre muchas otras cosas horribles. Pero en medio de toda esta adversidad, Pablo se mantuvo contento. Para él no importaba si tenía mucho o poco. A través del contentamiento, la satisfacción y la aceptación de una realidad dura es que podemos dominar nuestros apetitos y mantener la misma perspectiva en las demás áreas de nuestra vida.

Mire su vida. Examínese. Descubra en qué lugar domina sus antojos e impulsos y reflexione sobre cómo se siente. Decídase a extender esos sentimientos a todas las áreas de su vida.

GUÍA DE ESTUDIO

Capítulo 1: En busca de la satisfacción

1. Defina la palabra «satisfacción». Luego, defina el concepto de «apetito» según se utilizará en este estudio.

_____

_____

_____

_____

2. ¿Qué sucede cuando una persona tiene un deseo insatisfecho y no puede saciar sus necesidades?

_____

_____

_____

_____

3. ¿Completó las preguntas de la evaluación de sí mismo al final del capítulo en la página 18? Escriba aquí sus respuestas.

_____

_____

_____

_____

4. Lea el Salmo 17 observando en particular los últimos dos versículos. ¿Cómo puede el salmista acercarse a Dios con tal certeza de que será satisfecho? ¿Tiene usted el mismo consuelo?

_____

_____

_____

_____

Capítulo 2: La intención de Dios

1. ¿Es difícil pensar en sus apetitos como en algo bueno? Explique.

_____

_____

_____

_____

2. ¿Le sorprendió el comienzo de alguno de los ocho apetitos descritos en este capítulo? ¿Cuál es el «apetito problemático» en su caso personal? ¿Por qué?

_____

_____

_____

3. Lea Eclesiastés 2:24-26. ¿Le incomoda este pasaje?

_____

_____

_____

_____

_____

4. Siga el rastro que ha seguido su apetito problemático en su propia vida. ¿Puede ver el propósito bueno y original en ese apetito? ¿Cuándo comenzó a ser un problema?

_____

_____

_____

_____

Capítulo 3: El libre albedrío

1. Nombre una actividad que le produzca placer. ¿Le avergüenza admitirlo ante usted mismo? ¿Y ante Dios? Describa el placer que le produce. ¿Es instantáneo? ¿Duradero? ¿Podría dañarle en última instancia? ¿Podría dañar a otros?

_____

_____

_____

_____

_____

2. Cuando se enfrenta con una decisión no saludable para satisfacer un deseo, ¿ve la situación como una batalla de la carne? ¿De qué modo cambia este concepto la forma en que usted ve y combate las decisiones no saludables?

_____

_____

_____

_____

3. Estudie Santiago 1:12-15. Describa este proceso con relación a alguna situación reciente con su apetito problemático, empezando desde el deseo inicial, la atracción, y finalmente el resultado pecaminoso. ¿Qué le espera al cristiano que pelea contra la tentación?

_____

_____

_____

_____

4. ¿Atesora en su mente versículos de las Escrituras para meditar cuando un apetito se descontrola? Pase un tiempo estudiando la Palabra; encuentre tres pasajes de las Escrituras que hablen de la necesidad del dominio propio del creyente y de la recompensa por dominar los deseos no saludables. Trate de memorizar al menos uno de ellos.

_____

_____

_____

_____

Capítulo 4: Cómo comienza el cambio

1. Defina lo que es el *perdón*. Lea el Salmo 130. ¿Se siente reconfortado y con más fuerzas? ¿Por qué, o por qué no?

_____

_____

_____

_____

2. ¿Hay alguna mentira que le hizo racionalizar su conducta anterior? ¿Cómo peleará contra ella en el futuro?

_____

_____

_____

_____

3. Si está listo para cambiar ha llegado el momento de dar un gran paso. Diseñe un plan de acción sobre cómo y cuándo buscará reconciliarse con Dios y pedir perdón a quienes ha lastimado mientras iba tras la satisfacción de su apetito. (¡No olvide perdonarse a sí mismo también!)

_____

_____

_____

_____

4. ¿Qué pasos debe dar en su esfuerzo por eliminar la tentación de su vida y buscar el cambio activamente? Escriba el propósito de su vida al comenzar de nuevo.

_____

_____

_____

_____

Capítulo 5: Introducción a las influencias

1. Nombre tres influencias de este capítulo que pueda relacionar con su propia batalla contra los apetitos. Describa el modo en que cada influencia ha afectado su proceso de pensamiento mientras pelea contra la tentación.

_____

_____

_____

_____

2. ¿Qué utiliza o recomienda su cerebro para poder restaurar el equilibrio de su cuerpo cuando sufre tensión? ¿Le satisface esa elección? ¿O sigue hambriento o necesitando «reparación»?

_____

_____

_____

_____

3. Evalúe lo que hay detrás del apetito con el que está luchando: ¿Está solo? ¿Es infeliz? ¿Siente desilusión? ¿Dolor y pena? Indague y analice estos sentimientos que le traen el deseo, así como los sentimientos que resultan de la satisfacción de ese apetito. Anote todo, aunque sea doloroso y penoso.

_____

_____

_____

_____

4. Lea Romanos 8:5-27 y medite sobre el milagro de una vida vivida en el Espíritu. ¿Se regocija usted también con esta declaración de Pablo? ¿Cómo puede ayudarle este pasaje cuando vuelva el momento de la batalla?

_____

_____

_____

_____

Capítulo 6: Cómo llenar el vacío (Multiplicado por ocho)

1. El profeta Jeremías habla de un apetito satisfecho por Dios: «Fueron halladas tus palabras, y yo las comí; y tu palabra me fue por gozo y por alegría de mi corazón; porque tu nombre se invocó sobre mí, oh Jehová Dios de los ejércitos» (15:16). ¿Siente hambre de la Palabra de Dios?

_____

_____

_____

_____

2. ¿Siente desesperanza cuando su apetito problemático pide satisfacción a gritos? Busque primero a su Padre celestial antes de ceder a los patrones de conducta del pasado. Nada es demasiado para Él. Anote una experiencia previa en la que cedió ante el llamado de su apetito. ¿Le trajo consuelo o satisfacción esa elección?

_____

_____

_____

_____

3. Estudie los siguientes pasajes. ¿Qué promete Dios a sus hijos?

Mateo 5:6

_____

_____

_____

_____

Lucas 6:21

_____

_____

_____

_____

Apocalipsis 7:15-17

_____

_____

_____

_____

Capítulo 7: Fruto en todas sus formas

1. ¿Cómo podemos dar fruto? (ver Juan 15:1-8).

   _____

   _____

   _____

   _____

2. ¿Cuál es el remedio de Dios para la victoria sobre la tentación? (Gálatas 5:16-17).

   _____

   _____

   _____

   _____

3. Como nos dice este capítulo, podemos responder a una situación apelando a nuestra naturaleza física, racional o espiritual. Cuando se enfrenta con su apetito problemático, ¿cuál es su respuesta inicial? ¿Por qué?

   _____

   _____

   _____

   _____

4. Aunque Cristo es nuestro sostén, muchos creyentes han reemplazado a la Vid verdadera con otras cosas. Desde que se convirtió, ¿ha buscado confiar más en otra cosa? Si es así, ¿en qué? Decídase a confesar este pecado y a buscar a Dios para su seguridad.

_____

_____

_____

_____

Capítulo 8: Caminos nuevos

1. Observe el diagrama de la página 123. Utilizando una experiencia reciente con su apetito problemático, dibuje este diagrama incluyendo ejemplos específicos sobre cómo se limitó a sí mismo, el punto en que su apetito pedía satisfacción a gritos, cómo y cuándo respondió «alimentándolo» en exceso y cómo buscó volver a tener dominio propio.

2. ¿Está mal buscar placer mediante la indulgencia? ¿Por qué? ¿Por qué no?

_____

_____

_____

_____

3. Enumere tres métodos nuevos o actividades alternativas a partir del capítulo que intentará usar para recuperar el equilibrio en su vida mediante métodos saludables que honren a Dios.

_____

_____

_____

_____

Capítulo 9: Cómo cultivar un apetito divino

1. ¿Cuán grande es su compromiso con Dios? Haga una lista de sus actividades durante la semana. Junto a cada punto, observe cuáles hace para usted, y cuáles por amor y servicio a Dios. ¿Está feliz con los resultados de este ejercicio?

_____

_____

_____

_____

2. ¿Qué significa no dar lugar al diablo? (Efesios 4:27). ¿Hay alguna situación en especial con respecto a su apetito problemático que deba atenderse? ¿Cómo protegerá su vida contra los avances de Satanás?

_____

_____

_____

_____

3. Enumere tres beneficios de compartir tiempo con otros creyentes que le den esperanza en su viaje hacia la satisfacción de
sus apetitos. (Si no se reúne con otros cristianos, enumere tres
maneras en que comenzará a poner en práctica este paso vital
para cultivar su apetito por Dios.)

_____

_____

_____

_____

4. Pídale a Dios que le ayude a ver dónde puede servir y encontrar propósito a través del servicio. Si no puede pensar solo en
estas oportunidades, hable con su pastor o anótese como
voluntario en una causa local en la que pueda compartir el
amor de Cristo.

_____

_____

_____

_____

Capítulo 10: *La vida de entrega*

1. ¿Definiría su vida espiritual como «entrega»? ¿Por qué? ¿Por
qué no? ¿Qué es lo que le impide dar este paso necesario?

_____

_____

_____

_____

2. ¿Se comunica con regularidad con el Padre orando o leyendo su Palabra para poder crecer en espíritu mientras depura su vida a través de la tentación y la lucha? Estudie Filipenses 4:4-9 y reflexione sobre las promesas y afirmaciones de Dios a sus hijos.

_____

_____

_____

3. Lea Santiago 1:2-4 y Romanos 8:28. ¿Cómo ha usado Dios el apetito problemático en su vida para producir crecimiento espiritual? ¿Cómo está viviendo en mayor similitud con Cristo como resultado de este viaje?

_____

_____

_____

4. ¿Cuál es su mayor ambición en la vida? ¿Anhela riqueza o seguridad física? ¿Admiración? ¿O busca una vida de entrega a Cristo? ¿Es posible buscar las cosas terrenales y estar entregados? Respalde su respuesta con pasajes de las Escrituras.

_____

_____

_____

He peleado la buena batalla, he acabado la carrera, he guardado la fe. Por lo demás, me está guardada la corona de justicia, la cual me dará el Señor, juez justo, en aquel día; y no solo a mí, sino también a todos los que aman su venida.
—2 TIMOTEO 4:7-8

NOTAS

Capítulo 1: En busca de la satisfacción

1. La información con respecto a estas celebridades fue tomada de «Morbid curiosity: Celebrity Tombstones across America». Ver http://site33134.dellhost.com.
2. Bob Buford, *Finishing Well* (Nashville, TN: Integrity Publishers, 2004), n/a.

Capítulo 2: La intención de Dios

1. http://buscon.rae.es/diccionario/drae.htm.

Capítulo 3: El libre albedrío

1. Información sobre adicción a las drogas y al alcohol, «Centro del placer». Ver http://www.egetgoing.com/Drugs/5_5_3.asp.

   Kathleen McGowan, «The Biology of ... Appetite», Discover 23 no. 9 (septiembre 2002) Ver http://www.discover.com/ sept_02/featbiology.html.

   Medical-Net Information Management Group, «Fat hormone linked to brain's pleasure center», Reuters Health (2000). Ver http://www.mnimg.com/Articles.

2. David Sper, ed. *Designed for Desire* (Grand Rapids, MI: RBC Ministries, 1993). Ver también http://www.gospelcom.net /rbc/ds/cb932/cb932html.

3. Harry W. Schaumburg, *False Intimacy: Understanding the Struggle of Sexual Addiction* (Colorado Springs, CO: NavPress, 1992), p. 60.

4. «Self-Indulgence», *Forerunner* (March-April 2001), 1. Ver http://bibletools.org.

5. John Piper, *Desiring God* (Sisters, OR: Multnomah Press, 1986), p. 77.

6. C. S. Lewis, *The Weight of Glory* (San Francisco, CA: Harper, 2001), pp. 1-2.

7. Stephen Apthorp, *Alcohol and Substance Abuse: A Clergy Handbook* (Wilton, CT: Morehouse-Barlow, 1985), pp. 158-62.

8. Jeff Vanvonderen, *Good News for the Chemically Dependent and Those Who Love Them* (Minneapolis, MN: Bethany House Publishers, 1991), p. 40.

9. Ibid, pp. 40-42.

Capítulo 4: Cómo comienza el cambio

1. Stephen Arterburn y David Stoop, *Seven Keys to Spiritual Renewal* (Wheaton, IL: Tyndale House Publishers, 1998), p. 74.

2. Stephen Arterburn, *Addicted to Love* (AnnArbor, Michigan: Servant Publications, 1991), pp. 142-43.

3. «Healthy reasons to have a pet». Ver http://www.deltaso-ciety.org/dsc020.html.

4. Karen Allen, «The Healthy Pleasure of Their Company: Companion Animals and Human Health». Ver http://www.deltasociety.org/dsz001.html.

Capítulo 5: Introducción a las influencias

1. Colette Dowling, *You Mean I Don't Have to Feel This Way?* (New York: Bantam Books, 1998), p. 88.

2. Stephen Apthorp, *Alcohol and Substance Abuse. A Clergy Handbook* (Wilton CT: Morehouse-Barlow, 1985), p. 154.

3. «Control of our food intake is the basis behind successful weight loss». Ver http://www.weightlossfor all.com/food_intake.html.

4. «Coping with Food Craving» (julio/agosto 1991); http://www.primusweb.com/fitnesspartner/library/nutition/cravings.html.
5. Stephen Arterburn, *Addicted to Love* (Ann Arbor, Michigan: Servant Publications, 1991), p. 68.
6. *Diagnostic & Statistical Manual of Mental disorders: Fourth Edition* (Washington, D.C: American Psychiatric Association, 1994).
7. Información sobre adicción a las drogas y al alcohol, «Gambling Addiction». Ver http://www.egetgoing.com/Drug/5_8_4.asp.

   Información sobre adicción a las drogas y al alcohol, «Pleasure Center Pathways». Ver http://www.egetgoing.com/Drug/5_5_3.asp.

   Medical-Net Information Management Group, «Fat hormone linked to brain's pleasure center», Reuters Health (2000). Ver http://www.mnimg.com/Articles.
8. «Are you addicted?» USA *Weekend*, (septiembre 26-28, 2003).
9. Paul Recer, «Social, Physical Pain Much the Same Inside Brain» *Newsleader* (octubre 10, 2003).

Capítulo 6: Cómo llenar el vacío (Multiplicado por ocho)

1. Jeff Vanvonderen, *Good News for the Chemically Dependent and Those Who Love Them* (Minneapolis, MN: Bethany House Publishers, 1991), p. 18.
2. Stephen Arterburn, *Addicted to Love* (Ann Arbor, Michigan: Servant Publications, 1991), p. 173.
3. Ibíd.
4. Vanvonderen, *Good News for the Chemically Dependent*, p. 92.

Capítulo 7: Fruto en todas sus formas

1. http://buscon.rae.es/diccionario/drae.htm.
2. Tomado y adaptado del sermón «Practical Applications of What We Have Learned About Choices».
   Ver http://www.korrnet.org/karns/sermons/121999pm.html.

Capítulo 8: Caminos nuevos

1. American Obesity Association «Obesity in the US». Ver http://www.obesity.org/subs/fastfacts/obesity_US.shtml.

2. http://buscon.rae.es/diccionario/drae.htm.

3. Neal Barnard, M. D. «Breaking the Food Seduction», *Good Medicine* 12, no. 3 (verano 2003), n/a.

4. David Sper, ed. *Designed for Desire* (Grand Rapids, Michigan: RBC Ministries, 1993). Ver http://www.gospelcom.net/rbc /ds/cb932/cb932.html.

5. «Comparisons of U.S. and Finnish Television Statistics». Ver http://www.uta.fi/FAST/US2/NOTES/Ffinstats.ntml.
   Center for Media Education «Children & Television: FAQ». Ver http:wwwlcme.org/children/kids_tv/c_and_t.html.

6. «Are you addicted?» *USA Weekend* (septiembre 26-28, 2003), n/a.

7. American Bankruptcy Institute, «US Bankruptcy Filings 1980-2000». Ver http://www.biworld.org.

8. Jeanne Sahadi, «Debt: How Do You Stack Up?» *CNNMoney*. Ver http:money.cnn.com/2003/09/25/pf/millionaire/q_deds-tackup/index.html.

9. Ibíd.

10. Justin Lahart, «Spending Our Way to Disaster», *CNNMoney*. Ver http://money.cnn.com/2003/10/02/markets/consu-merbubble/index.html

11. Stress Management for Dummies «Curbing Your Appetite for Stress-Inspired Eating». Ver http://cda.dummies.com/ WileyCDA/DummiesArticle/id-973,subcat-EATING.html.
    «Controlling Appetite for Weight Loss».
    Ver http://jas.family.go.com.
    «When Stress Triggers Overeating». Ver http://www.24hour-fitness.com.
    «Conquer Killer Cravings». Ver http://www.floridafitness.com /Fitness/Craving_killers.heml.
    «Cravings, Overeating and the Brain Connection». Ver website: http://www.thedietchannel.com/weightloos5.html.
    «Coping with Food Cravings» (Julio/agosto 1991). Ver http://www.primusweb.com/fitnesspartner/library/nutri-tion/cravings.html.

12. Justin Lahart, «Spending Our Way to Disaster».

Capítulo 9: Cómo cultivar un apetito divino

1. Charles Allen, *God's Psychiatry* (Ada, Michigan: Fleming Revell, 1988), n/a.
2. Stephen Apthorp, *Alcohol and Substance Abuse: A Clergy Handbook* (Wilton, CT: Morehouse-Barlow, 1985), pp. 7-8.

Capítulo 10: La vida de entrega

1. http://buscon.rae.es/diccionario/drae.htm.
2. Steven Arterburn and David Stoop, *Seven Keys to Spiritual Renewal* (Wheaton, IL: Tyndale House Publishers, 1998), pp. 7, 8.

Apéndice: Doce pasos para satisfacer sus apetitos con éxito

1. «Practicing Self-Control» Ver. http://www.personal-budget-planning-saving-money.com/selfcontrol.html.